びっくりするほど当たる！

手相占い

JN048185

運命学研究家
宮沢みち

手相には
その人の人生があらわれている

ふだん無意識に使っている手ですが、
私たちは手を使うことによって、
ごはんを食べる、衣服を着る、掃除をする、文字を書く
といったような日常生活を円滑に行っています。

さらに絵を描いたり、パソコンをしたりと、
手は生活が楽しくなるようなことを、たくさんしてくれます。
手があるおかげで私たちの生活はラクになり、
豊かに暮らせるのです。

だからこそ手には「相」がつくられるのです。
手のなかにはその人の人生がそのままあらわれています。

手相は
みんなを幸せにする人生のバイブル

この本を手にしているあなたも、まず自分の手、
そして自分自身とじっくりと向き合ってください。

自分が欠点だと思っていたことが実は長所だったとか、
失敗したことが成功への転機だったというようなことに
気づくことになるかもしれません。

手相は変化するものです。

自分の相が多少よくなくても、
行動や心持ち、言葉づかいをあらためていくことで
手に変化があらわれ、運気がアップしていきます。

手相を人生のバイブルだと思って、つきあっていきましょう。

また、人の手相をみてあげることによって、
人との距離が近くなり、相手の困っていることに対して、
適切なアドバイスを行うこともできるでしょう。

よく知らない人とも、手相を話題にすれば
会話のきっかけになり、話がはずめば仲よくなります。
手相は、みんなを幸せにするバイブルでもあるのです。

実際に
鑑定できるようになるために

この本の目的は、手相鑑定ができるようになることです。

そのために手相の見本に実際の手の写真を使い、
さらに今回の改訂で全ページをカラーにし、
できるだけリアルな知識が身につくようにしています。
イラストだけでは伝えきれない手の厚みや色などの印象も、
写真になるとぐんとイメージがわいてきます。

写真の見本をもとにきちんと理解していけば、
手相をマスターして活用することができるでしょう。

鑑定するときにも、この本をそばに置き、
わからないところなどは何度も確認してください。
そうしていくうちに、自然と身についていくはずです。

手相は
人生を豊かにするツール

この本で手相に親しみながら、
手相の法則をどんどん覚えていってください。

そして、実際に多くの人の手をみて、
話のきっかけに、悩み相談に、コミュニケーションのツールにと
活用していただきたいと思います。

手相を知っていると、人生を豊かにすることができます。
スウェーデンもスペインも、モンゴルも、
どこに行っても手相は大人気で、
場が盛り上がり、いい友人ができます。

手相を通じて、たくさんのいい出会いを得て、
豊かな日々を送っていただく力になれたらうれしいです。

宮沢みち

本書の使い方

この本は、鑑定する力をつけるため、実際の手相の写真を使ってレッスン形式で構成しています。実践力を身につける本書の使い方を紹介します。

1. 自分の手のコピーをとる

まず、自分の手相で勉強しましょう。白黒コピーでもOKですが、カラーのほうが色合いまでわかるのでおすすめ。コピーなら、本を読みながらでもスムーズにみることができます。両方の手のコピーをとっておきましょう。

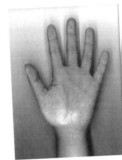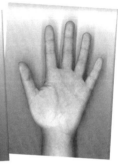

2.「丘」「生命線」をなぞる

コピーを使って、自分の手相をみていきます。用意したいのは、蛍光ペン。最初に「丘」「平原」の範囲を蛍光ペンで描き入れたら、次に「生命線」を探し出し、線に沿って鉛筆か蛍光ペンなどでなぞりましょう。

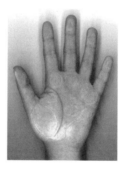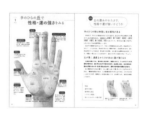

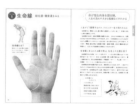

3. 始点、長さ、カーブ…とみていく

自分の「生命線」がわかったら、始点はどこか、長さやカーブの大きさはどうか、終点はどこか、アンラッキー・サインはないか……とレッスンごとにこまかくみていきましょう。最後は、流年法でくわしく。

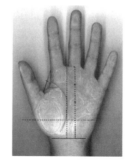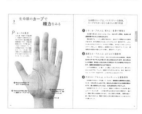

4. 「知能線」「感情線」も同様にして、自分の手相をみていく

「生命線」と同様にして、「知能線」「感情線」もレッスンに沿ってできるだけ正確にチェックしていきます。自分に当てはまる記述だけでなく、別のパターンも丹念に読むうちに知識は入ってきます。

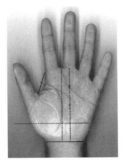
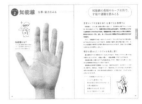

5. 実践テストでおさらいをする

レッスンの最後は、「実践テスト」にチャレンジしましょう。こうして、自分の手にある基本の「縦三大線」、そのほかの「大切な線」、手と指・爪もみていきます。テストは3カ所。特徴の違う3名の手相写真でおさらいします。

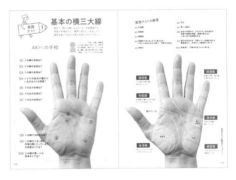

もくじ

レッスン 2　横三大線をみる

レッスン3　縦三大線をみる

レッスン4 **そのほかの大切な線をみる**

レッスン5　手と指をみる

プロローグ

まず、手相全体について説明します。手のひらにある「丘」、基本の「横三大線」「縦三大線」、そのほかの「大切な線」という、実際に手相をみるときの順番で、手のなかの構造や手相の仕組みを基本の基本から学んでいきます。

1 プロローグ 手相から運勢と人生を読みとる

なぜ手相で運勢がわかる？

この本を手にしてくださっているほとんどの方は、手相をみられるようになりたい方だと思います。

手相には、人生、ものの考え方、感情など、その人を集約したものがあらわれます。そのため、手相を知っていると自分を知ることができ、生きていくうえでたいへん役に立ちます。また、人のことも手相を通してよくわかるようになり、「この人はこういう考え方の人だからこの行動をとっている」ということも分析することができます。手相を学んでいけば、あなたの世界は大きく広がっていくのです。

手相には簡単な法則があって、それさえ覚えてしまえば、あとは組み合わせだけなので、とても学びやすいものです。

ところがよく耳にするのは、自分の手の線のどれがどの線なのかよくわからないということです。本で説明している線と同じ線かどうか、間違ってみていないか、迷ってしまうのです。

手相をみるのに大切なのは「応用力」と「センス」

まったく同じ手相の人はいません。人間の数だけ、手相の数もあります。そこで大事なのは、応用力とセンス。**本を見て手相の法則を学んだら、手のなかを「丘」に分け、どこから線が始まり、どこに向かっているのかをみて、判断することが大切です。**そのあと、全体をこまかくみていくことで、一気に、よい鑑定をすることができるようになるでしょう。

手相ははじめに、手相独特の言い回しや用語などを覚える必要がありますが、一度覚えてしまえば、あとは組み合わせるだけです。この本を参考にしながら人の手相をみているうちに、自然とあなたらしい鑑定をすることができるようになるでしょう。ぜひ、手相を覚えて、人生に活用していってください。

上達の近道は、自分の手相で自分を知ること

手相は覚えるとき、自分の手を使って覚えていくのが一番の近道です。この本を見ながら、自分の手相をみてください。

はじめに大事なのが、「丘」と「平原」の位置を確認することです。手相は、この確認作業から始まります。それが終わったら、基本の「横三大線」「縦三大線」、そしてそのほかの「大切な線」という順にみていきます。自分の手相を知ることは、

自分自身を知ることにつながります。自分も知らなかった自分を発見し、人生も広がりを見せることでしょう。

特に、知能線などによってあらわされる才能については、仕事を選ぶときの参考になりますし、運命線や太陽線からは社会での成功のしかたまでわかりますから、ぜひ活用したいものです。

また、感情線、金星帯、結婚線などは恋愛運をみる際に役立ちます。異性問題で悩んでいるとき、ドラマチックな恋をしたいとき、結婚したいときなど、これらの線が方向を示してくれるはずです。

手相を通してエネルギー交流をする

自分の手の相をだいたい把握して、手相全体について少しずつわかってきたら、実際に人の手をみせてもらいましょう。たぶん、あなたの手相とはかなり違うはずです。手は人によって、線の出方がまったく異なります。でも、手という狭い範囲であり、限られた丘と線によって構成されていますから、あらかじめ、各丘の意味を理解さえしていれば、読みとりはかなりラクになってくるはずです。

手相をみることは、人とのコミュニケーションにとても役立ちます。手を相手にみせることは、そのまま自分自身をあずけているようでもあり、そこからある種の信頼関係が生まれます。それは手を通して、相手とのエネルギー交流が起こるからです。

手相をみることによって、人と人との関係はグッと近くなります。逆にそこは注意するところでもあり、客観的な目ももち続けることが、正しい鑑定を継続させるコツです。

2 <ruby>プロローグ</ruby> 手のなかには山と川がある

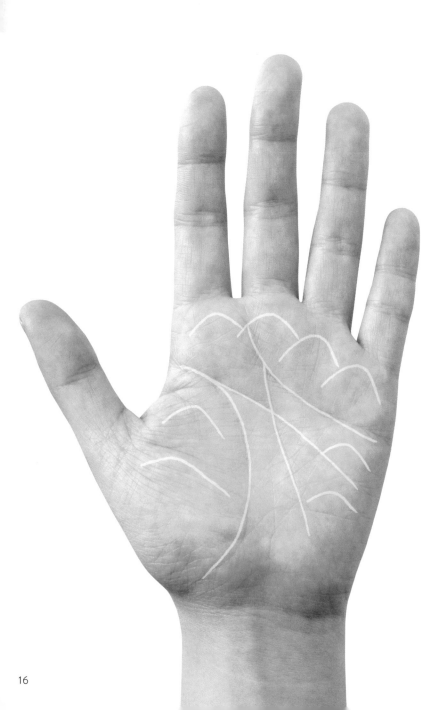

手のひらの凹凸を地形にたとえてみる

　手を軽く開いたときに、手のひらには凹凸があり、まるで小さな世界が広がっているように見えることがあります。手相ではこの手のひらを、立体地図のように地形に見立ててみていきます。

　まず、手のひら全体を見たときに、親指下、人さし指下、中指下、薬指下、小指下は少し肉づきがよく、盛り上がっているように見え、逆に手の中央はややへこんでいます。

　この盛り上がった部分がまるで小高い丘のように見えるので「丘」という表現をします。それぞれの丘には、親指の下を「金星丘」、人さし指の下を「木星丘」というように名前がつけられています。

「金星丘」「月丘」「木星丘」と、丘の名前には星の名がつけられています。それは手が宇宙から降ってくるエネルギーの受信機であり、それぞれのエネルギーが降りる場所がその星の名称となっているからです。金星丘であれば、金星の影響、木星丘であれば木星のエネルギーを受信して影響を受けます。

丘は山、線は川と考えてとらえてみよう

　手のひらにあらわれている線は、川とみます。本来、川には水が流れていますが、ここでは、エネルギーが流れる川となります。川は幅が広く、適度な深さがあるほうが、よく水が流れるのと同じで、エネルギーも手相の線が太めで、はっきりと刻まれているほうがスムーズに流れることができます。

　金星丘のふもとを流れるのが、生命をつかさどる「生命線」、手のひらの真ん中を流れるのは「知能線」、水星丘のふもとから始まり、太陽丘、土星丘あたりに流れるのが「感情線」であり、手のひらを流れるこの3本の線が、大きなエネルギーの川となるものです。

　川がどこから始まってどこへ向かって流れているのかをこまかく検証していくと、よりくわしい鑑定ができます。

3 手の**丘**をみてみよう

プロローグ

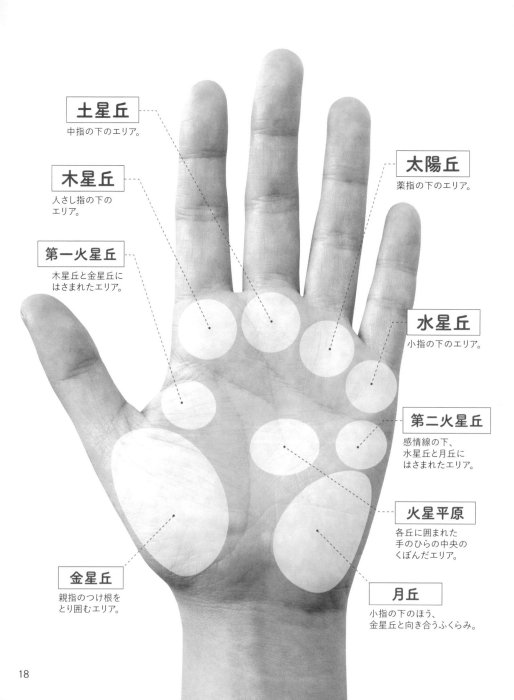

土星丘
中指の下のエリア。

木星丘
人さし指の下の
エリア。

第一火星丘
木星丘と金星丘に
はさまれたエリア。

太陽丘
薬指の下のエリア。

水星丘
小指の下のエリア。

第二火星丘
感情線の下、
水星丘と月丘に
はさまれたエリア。

火星平原
各丘に囲まれた
手のひらの中央の
くぼんだエリア。

金星丘
親指のつけ根を
とり囲むエリア。

月丘
小指の下のほう、
金星丘と向き合うふくらみ。

宇宙のエネルギーを受信する「丘」とその特徴

　手のひらで、手の中央をとり囲む形で、グルッと盛り上がっているところを「丘」と呼びます。この丘は部位によって、左の図のように金星丘、木星丘、土星丘、太陽丘、水星丘、月丘、第一火星丘、第二火星丘の8つの名前がつけられています。

　それぞれの丘は、金星、木星などその名前の星から宇宙のエネルギーを受信しています。**丘は肉づきがあって高く発達しているほど、たくさんのエネルギーが入っているので、どの丘の肉づきがいいかをみれば、その人がどのようなエネルギーを多く受信しているかわかります。**どの丘が高く発達しているかは、人によって異なりますが、金星丘、木星丘、水星丘あたりは、ほかの丘よりも高く、きれいな丘の形をしている場合が多いです。

　また、手のひらの中央で、ややくぼんでいるところが火星平原です。火星平原がかなり低くくぼんでいる人もいれば、ほとんどくぼみのない人もいます。火星平原はだいたい知能線が横切っている場所でもあり、火星平原が高ければ、その影響で感情を理性ではおさえきれず、周囲は振り回されますが、適度にくぼんでいれば、逆に感情よりも理性が勝ち、冷静に行動できるといったことがわかります。

「丘」の名前と意味するものを覚えるコツ

金星丘　月丘

　丘と平原を覚えるときは、まず、基本となる親指下のふくらみの「金星丘」、それと向かい合う「月丘」からスタートしてみましょう。たとえば、金星丘は目に見える生の世界をあらわし、対する月丘は目に見えない死の世界をあらわします。感性の鋭い人には、金星丘を囲むように生命線が出ていて、直感力のある人には月丘に「直感線（→139ページ）」という生命線のような線が出ます。また、人さし指は方向を示す指なので、その下の「木星丘」は指導力をあらわすなど、指の特徴とセットで丘の意味を覚えていくと頭に入りやすくなります（→32ページ）。

4 基本の**横三大線**をみてみよう

感情線

恋愛運・愛情運をみる

感情の表現のしかたや愛情のタイプ、心機能の働きをあらわす。感情線によって、その人の性格が決められる。この線が特に浮き上がって見えるときは、恋をしていたり、感情に振り回されていたりしているときなので、冷静な気持ちをもつようにすると、状況が改善される。

生命線

総合運・健康運をみる

その名のとおり、生命がどのように維持されていくのかをみることができる最も大切な線。生命エネルギーそのものをあらわし、生命力の強さ、寿命、健康、事故、ケガについて、また恋愛、結婚、独立などの開運時期、転換期もわかる。

知能線

仕事運・能力をみる

職業、才能、思考能力、ひらめき、頭の病気やケガについてあらわす。手の真ん中を横切る知能線は、その人の人生をいかにコントロールしていくかを決める。

生命力、知性、感情をみる基本の「横三大線」

　手のひらを横切るように、**3本の太めの線があります。これが基本の横三大線
――生命線、知能線、感情線です。この基本の横三大線は人間の社会で生き
ていくための最も重要なことを意味する線です。**

　第一の線「生命線」は、人さし指と親指のつけ根の間くらいから始まり、い
ったん手の中央に向かってカーブを描きながら、そのまま手首のほうに向かい
ます。生命線は短いことも多いですが、それをカバーするようにそのそばから違う
生命線が出ている、あるいは運命線にてカバーされていることも多いので、て
いねいにみてください。生命線は親指を囲う線でもあり、親指が命と密接にか
かわり、親指がしっかりしていれば生命線も働いていることになります。

　第二の線「知能線」は、生命線同様に、人さし指と親指の間くらいから始ま
り、そのあと、生命線ほどはカーブをしないまま横に伸び、小指下の側面方向
に向かう線です。知能線は、1本が途中から枝分かれしたり、また2本、3本と
出ていたりすることがあります。

　第三の線「感情線」は、生命線、知能線とは反対の、小指下の側面から人
さし指や中指方向へと伸びる線です。感情線はきれいに1本出ているものばかり
でなく、途中で分かれたり、切れていたり、食い違うように続いていたりといろ
いろな形で出ています。

「横三大線」は濃い線をなぞりながらみる

　基本の横三大線は、文字どおり生
命、知能、感情に関することをあらわ
します。

　見方はまず、線の濃さからスタート
しましょう。だいたいの場合、この横
三大線は、ほかの線にくらべて濃く浮
き上がって見えます。次に、生命線は
これ、知能線はこれ、感情線はこれ、
とそれぞれの線をなぞりながら確認し
ましょう。まずは、一番太くて長い線
を追ってください。

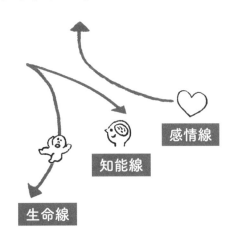

感情線

知能線

生命線

5 基本の**縦三大線**をみてみよう

太陽線

成功パターン・金運をみる

人生における成功、人気、富と名声などをあらわす。また、その人のお金の入り方を示す（ただし現在の金運を知りたいときには、「財運線」でみる）を示す。縦三大線のなかでは、一番あらわれにくく、発見したらラッキーな線。

運命線

運気・人生の充実度をみる

人生における成功、失敗、運命の転機、実力の発揮ぐあい、満足度などをあらわす。濃いときは現在の状況が充実し、自分の力を十分発揮していることを意味。濃さが変わったり、出たり消えたりと変化がある線で、運気がよいときや目標があるときなどははっきり出る。

財運線

金運をみる

財運線は現在の経済状況や収入の口の数をあらわす。そのときどきの状況でよく変化する線。

成功や名声、富をあらわす基本の「縦三大線」

　手のひらを縦に伸びる太めの線は、基本の横三大線に続く重要な基本の縦三大線——運命線、太陽線、財運線です。この基本の縦三大線は、その人が社会で生きていくのに伴い、そのときどきの状況で変化する線でもあります。

　基本の横三大線とは違い、だれにでもあるものではなく、特に女性には手の質感から、出ない場合が多くあるため、線が見当たらないからといって心配することはありません。

　「運命線」は、手のひらの下方から中指のつけ根に向かって伸びる線のことをいいます。運命線は1本とは限らず、多くの場合、何本かいろいろな方向から入っています。中指のほうへ向かっていれば、手の中央など途中で終わっていても運命線となります。

　「太陽線」は、手のひらの下方から薬指のつけ根に向かって伸びる線。太陽線も1本とは限らず、さまざまな方向から出ていたりします。

　「財運線」は、小指下の水星丘だけに入る短めな線で、お金の出入りの状況をみることができます。手のひらの下方から小指の方向に向かって伸びる「水星線（→138ページ）」の一種です。

基本の「縦三大線」の見方とポイント

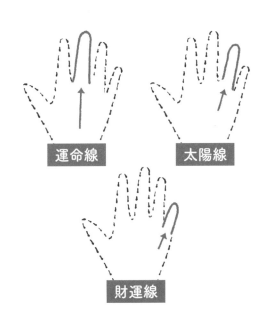

運命線　太陽線　財運線

　縦三大線は横三大線より、若干薄く出ています。運命線は同じ太さのように見えそうですが、気持ち細めになっています。

　縦三大線は、中指、薬指、小指のなかのどの指に向かうかで線を特定するので、見分けることがむずかしくはありません。途中で線が切れている場合もありますが、その線を延長したらどの指のつけ根に到達するかを推測してみれば、意外と簡単に、運命線、太陽線、財運線がわかります。

そのほかの
大切な線をみてみよう

恋愛線

恋愛パターン・恋愛運をみる

生命線をゆるいカーブで横切る線は、大恋愛の有無や恋の行方を示す。

向上線

忍耐・持続力をみる

生命線の上から人さし指に向かう線は忍耐力と持続力をあらわし、努力しだいで成功することを示す。

障害線

トラブルを暗示する

生命線などを直角に横切ったり、U字に横切ったりするのはトラブルの暗示。

影響線

運命的な出会いをみる

生命線などの内側に出る細い線で、運命的な人との関係を暗示。

開運線

飛躍の内容・時期をみる

生命線の上から中指、薬指に向かう線で、独立や昇進など飛躍や、その時期を示す。

健康線

健康状態をみる

不健康線とも呼ばれる線で、ないほうがよい線。出ていてもまっすぐな線なら問題はなく、線がクネクネしていたり、島があったりすると要注意。

金星帯

異性関係・性的関係をみる

性的なアピール度、セックスの好みや様子などをあらわす。男性は出ている人が少なく、女性のほうが出やすい傾向がある。金星帯はあるだけでもセックスを楽しめる性質で、性的な感度のよさを示す。

結婚線

結婚パターン・結婚運をみる

結婚の時期、結婚生活などをあらわす。結婚線は結婚後まっすぐな線を維持するためには努力が必要で、夫婦の愛が冷めてくると下降する傾向が。結婚線のそばに出る細く短い線は浮気をあらわし、急に出てきたりする。浮気をしたい気持ちがあると薄く出ることも。

結婚やセックスアピール、健康を示す線の特徴

　手のひらの縦と横の三大線以外でも大切な線があります。それは主に「結婚線」「金星帯」「健康線」です。この3つの線も、縦三大線同様に、比較的変化の多い線です。そのほか左の図のように、生命線などを中心に上下に伸びたり、横切ったりする小さな線である「向上線」、「開運線」、「恋愛線」、「障害線」、「影響線」などがあります。

　「結婚線」は、小指のつけ根と感情線の間に出る横線。結婚線は1本の人も多いですが、何本かある人もかなりいます。この結婚線があれば、結婚する縁をもっていることをあらわします。結婚線が出ていても結婚線上に格子がかかっていると、本来の結婚線の働きがブロックされてしまい、婚期は延びるでしょう。

　「金星帯」は、人さし指・中指の間から薬指・小指の間へとつながる半円です。ただ、必ずしも完璧な半円でなくてもよく、途中で切れていても金星帯となります。1本のこともあれば、何本も重なるように出ていることもあります。

　「健康線」は、月丘から始まり第二火星丘に向かって出ている線です。水星線との違いはその向かう方向であり、水星線は小指下に向かいますので、水星線よりも横に倒れたような感じとなります。

「大切な線」の見方のコツ

　結婚線は多くの人に見られます。手のひらだけでなく、小指の側面から見ると、いっそうはっきりわかります。左右の結婚線を合わせてみると、結婚の回数がわかります（→160ページ）。

　金星帯、健康線はない人も多いですが、始点と終点を確認しながらみれば、見つけやすくなります。同様に**向上線、開運線は生命線から上に向かって伸びる線の方向に注目。恋愛線は生命線にかかるゆるやかなカーブをもつ線、障害線は線を断絶するようにナイフで切ったような鋭い線。**それぞれの線のもつイメージを覚えておくと鑑定に役立ちます。

7 自分の手相をみてみよう

プロローグ

1. まずコピーをとろう

　はじめて自分の手相をみようというとき、おすすめしたいのは、鑑定したい手のコピーをとり、それと合わせながら勉強する方法です。コピーすることで、客観的に自分あるいは人の手をみることができ、こまかい線や流年法を使うものなどもじっくり検討できます。

　丘などの手のふくらみは実際の手を見なければいけませんが、まずはコピーしたものを見て、本と照らし合わせながら、丘の範囲を描いてみてください。手によっては範囲を描きにくいものもありますが、きちっとした形にこだわらないで丘の部分がわかればよしとします。

　丘の区分けができたら、いよいよ線をみていきます。コピーされた手の上に、線を描き入れていきましょう。線は、生命線、知能線、感情線の順に入れます。どこから始まって、どこで終わるのかを確認します。このコピーをもとにしながら、この本を読んでいくと、よりいっそう、手相をきちんと把握することができます。

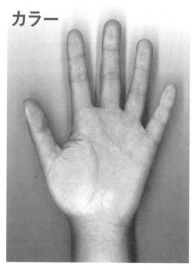 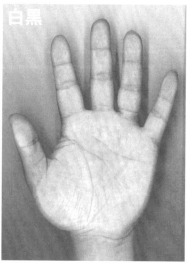

カラーでも白黒コピーでも、どちらもくっきりと
線が見える。サイズはB5でOK。

2. 手の全体の印象をみる

　はじめは手全体の表情をみます。（相手も
しくは自分が）パッと手を開いたとき、どん
な印象をもったか。強さを感じる、やわらか
さを感じる、薄く感じるなど印象はさまざまだ
と思いますが、その第一印象がいまの相手の
状態であり、その人をあらわすものですから、
それをふまえて鑑定を始めましょう。

　また、手相の線は1カ所に暗示が出ていた
としても、確定することは控えます。それを裏
づける線を何カ所か見つけていくことで、線
の内容を確定します。たとえば、人生の転機のサインが生命線上にあり、
運命線にも出ていたりする場合は、その内容はほぼ確定となります。

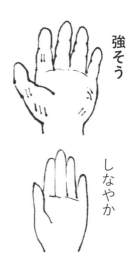

強そう

しなやか

3. 手相は左と右の両方をみて確認する

　**手相は左手、右手の両方をみます。左手には「先天的」なこと、右手
には「後天的」なことがあらわれます。本来備えている運命を知りたいと
きは左手重視で、現在の状況をより知りたいときは右手重視となります。**そ
して左右、両方に同じように線が出ていれば、その意味はさらに強調され、
線にあらわれたことが起こる可能性はかなり高くなります。両方の手をバ
ランスよくみることで、的確な鑑定を行っていくことができるのです。

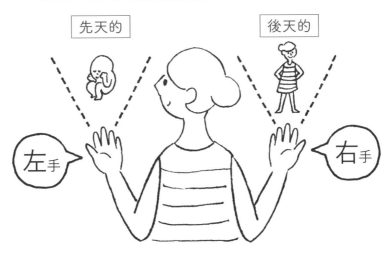

先天的　　　　後天的

左手　　　　右手

4. 「丘→横三大線→縦三大線→ そのほかの大切な線」の順でみる

　手相をみるときには丘、基本となる横三大線、縦三大線、そのほかの大切な線という順番でみていきます。山から主要な線、そしてこまかい線へ、と覚えるとよいでしょう。

　基本の横三大線はほとんどの人に見られる線で、最も重要な線です。生命線でその人の生命エネルギーがどれだけ強いのかを確認、人生の流れをみます。次に知能線でその人の思考のしかたを知り、才能をみます。そして感情線でその人の感情、表現のしかたをみます。基本の横三大線はほかの線よりも優先してみて、その結果も優先します。

　基本の縦三大線は、上のほうに向かって伸びていく線です。運命線は中指の下へ、太陽線は薬指下へ、財運線は小指の下へ向かいます。

　最後にみるのが、そのほかのこまかい線です。こまかい線は変化の多い線でもあるため、現在の状況をみるときにも役立ちます。ひとつひとつ、ていねいにみていきましょう。

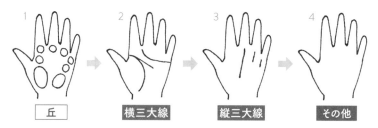

1 丘 → 2 横三大線 → 3 縦三大線 → 4 その他

5. 不明な線はペンでなぞって始点と終点を確認する

　手のひらの線がどの線に当てはまるかわからないときは、もう一度、どこから始まり、どこで終わっているか、ペンで線をなぞりながら確認しましょう。基本の横三大線か、基本の縦三大線か。それ以外の線か。ひとつひとつ検討します。それでもわからないときは、そのままそれはおいておき、違う線を読むようにしてください。

　ほかの線を読み終わって、最後にまたその線に戻ったときにわかることもあります。それでもわからないときには、そのままにして、もう少し勉強を深めてから再度みるようにしてください。手相も経験しだい。たくさ

んみていくうちに、ひとつひとつの線がわかるようになります。あせらず、少しずつ勉強していきましょう。

6. 手相にマイナス点が多かったら生活改善を心がける

手相をみてマイナス点を見つけたときは、それを素直に受け止め、どうしたらよいのか具体的な対策を考えましょう。

手相はあくまでも「いまのままでいたら、こういう人生になります」ということをあらわすもの。心持ちが変われば、生活が変わります。生活が変われば、肉体も変わり、手相も変化します。いい相になるように、積極的に生活改善をしていきましょう。

とはいえ、気持ちのもち方を変えるのはなかなかむずかしいものです。そのようなときには、（下のコラムでも紹介しているように）手をよくマッサージしてください。マッサージするだけで手がやわらかく、エネルギーを吸収しやすくなり、運気アップにつながります。

これはスペシャル こうすると手相がよくなる！

規則正しい生活・食事を心がける

規則正しい生活が、よい体、よい手相をつくります。手や手先をよく使うことも大事。

手をよくマッサージする

横と縦の三大線に沿って指圧したり、指のつけ根から指先に向かってマッサージするとよい。

手、特に爪を乾燥させない

乾燥は手には禁物。ハンドクリームを愛用して、手や爪にうるおいを与えましょう。

ほしい線は手のひらに描き入れる

財運線と…

仕事や恋愛など、理想の手相になるようにペンで線を描くと、運気がアップします。

8 人の手相をみてみよう

ページ

手相占いは相手と交わるコミュニケーション

人の手相をみるときも、順番はこれまで
紹介したとおりです。手をあずけることは
自分をあずけることと同じなので、あたた
かく、真剣な気持ちで向き合いましょう。

鑑定するときは、どうしてもつい手ばか
りに集中します。手を読むときはしかたが
ないのですが、相手の話を聞くとき、アド
バイスをするときは、相手の目を見て話す

新しいことを
始めようと
思っているのですが…

それは
いいですね

ように心がけましょう。手相はコミュニケーションですから、手を通して、相手と
いい形で交わることができるようになります。

よくない暗示は思いやりの言葉で語る

手相があまりよくないときは、指摘する
前に、まず、その人の長所を探してみまし
ょう。手相には必ず、問題を解決する方法
もあわせて出ています。解決策を真剣に見
つけようと手と向き合えば、自然と解決の
線へとたどり着き、相手を思いやる言葉が
出てくるものです。

指摘するときは、「こういう方面のことに
慎重になったほうがいいですよ」とアドバ
イスする言い方を心がけましょう。そうす
ることで、相手がその内容に気をつけるよう
になると、手相も改善されていきます。問
題を解決できる対策を見つけたら、そのう
えでマイナス面を話すようにしてください。

丘をみる

手相をマスターする第一歩は、手のひらを「丘」
に分け、その丘ごとに宿る星のパワーを知ること
です。そして、丘の特徴を覚えること。そうすれ
ば、丘にある線の意味もわかってきます。

手のひらの丘で
性格・運の強さをみる

成功
薬指は結婚指輪をはめる、恋愛にかかわりの深い指で、成功や幸せを意味する。幸せが約束された人は、太陽丘が高く、太陽線という線が入る。

コミュニケーション
小指は一番小さい指。水星丘は人間が世の中に末永く存在するよう、結婚や子孫、経済面の安定をみる。

思慮深さ
中指は指のなかで一番背の高い指。土星丘は自分自身を見つめることをあらわす。

野心
人さし指は方向をさす指。リーダー性や野心や向上心をあらわす。

行動力
積極性や闘争心、勇気など、外へ向かう強さをあらわす。

生命力
目に見える生の世界をあらわす。感性の鋭い人には、金星丘を囲うように生命線がある。

自我
知能線が横切る場所。適度にくぼんでいれば感情より理性がまさり、冷静に行動できるタイプ。高ければ感情を理性でおさえられず、周囲が振り回される。

忍耐力
自制心、忍耐強さ、冷静さなど、内に秘めた強さをあらわす。

人気
目に見えない死の世界をあらわす。直感力のある人には、月丘に直感線という生命線のような線が出る。

木星丘　土星丘　太陽丘　水星丘　第一火星丘　火星平原　第二火星丘　金星丘　月丘

丘の厚みやかたさで、性格や運が強いかどうか

手のひらの形は体型に似る傾向がある

　手の丘で、その人の性格をみることができます。丘はそれぞれの指のつけ根の下に広がる部分をさし、親指側から金星丘、第一火星丘、木星丘、土星丘、太陽丘、水星丘、第二火星丘、月丘からなっていて、手のひらの真ん中の平らになったところは火星平原といいます。

　丘はその発達の仕方によって、その人の特徴をあらわします。体全体ががっちりして、ふくよかなら、手も肉づきのよい傾向があり、丘も高くなります。逆に体全体がスリムであれば、手も肉づきが薄く、丘も低くなる傾向があります。ただ、体型と一致しないこともあるので、決めつけずにみるほうがよいでしょう。

丘が高く、適度なかたさがあると運が強くなる

　土星丘を除いては、基本的に丘は高く、適度にかたく、しっかりしていれば、運気が強くなり、逆に平らだとやや弱くなります。丘は高いほど、（丘の名称の）星から宇宙エネルギーを多く得られるので、意味する内容が活発になります。

　丘の適度なかたさは大事で、たとえ盛り上がって厚くなっていてもやわらかすぎると、精神的な弱さがあり、人の影響を受けすぎてしまうため、トラブルの多い人生になります。規則正しい生活を送ることで、丘は育てられ、肉も引き締まってきます。

― 手の丘からわかること ―

▶ 性格
▶ 運気の強さ
▶ 精神的な強さ
▶ トラブルの頻度
▶ 星のエネルギーの吸収度

金星丘が**厚い**

親指の下にある金星丘がふくらんで、厚みがある。

金星丘が**薄い**

金星丘は平らで薄い。斜めから見ると判断しやすい。

金星丘で生命のエネルギーをみる

 生命力の強さや集中力があるか、人生が充実しているかどうか

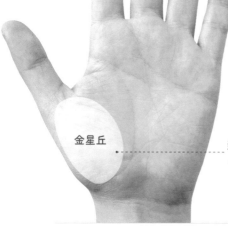

金星丘

親指のつけ根をとり囲んでいるエリア

 親指のつけ根がふくらんでいる

薄 親指のつけ根の肉づきがよくない

厚 金星丘が厚いのは生命力も強く、周囲を幸せにする

金星丘に厚みがあるのは、**生命エネルギーに満たされている状態をあらわします**。生命力が強く、バイタリティーがあり、自分の人生を充実して生きているということを示します。

また、健康にも恵まれてがんばりがきき、集中力もあります。愛情も深くて、よく人を助け、周囲の人を幸せにします。身内とのかかわりは、よくも悪くも強くなります。

薄 金星丘が薄いのは精力が弱く、根気がない

金星丘がまわりのふくらみと同じ程度しか厚みがないのは、生命エネルギーがそれほど入ってきていないことをあらわします。バイタリティーがなく、すぐ疲れてしまいます。飽きっぽく、根気も続きません。勉強も仕事も中途半端で終わりがちなので、気をつけましょう。

月丘で
人間関係をみる

わかる　目に見えないものを感じる力や
芸術的なセンスがあるか

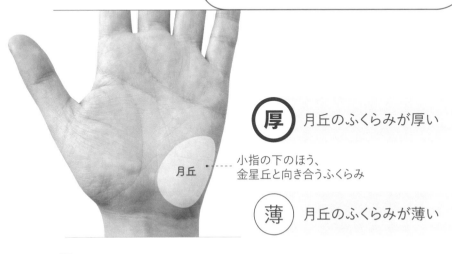

厚　月丘のふくらみが厚い

月丘　・・・　小指の下のほう、
金星丘と向き合うふくらみ

薄　月丘のふくらみが薄い

厚　月丘が厚いのは想像力にすぐれ、人間関係も良好

　金星丘に次ぐほどの厚さがあるのは、**目に見えないものを感じるエネルギーが強く、多くのものや人を引きつける力が備わっていることをあらわします。**インスピレーションがわき、想像力に富み、文学や音楽、美術など芸術的な感性にすばらしいものをもっています。神秘的なものへの関心度も高いでしょう。また、他人とのかかわり方が上手で、目上からの引き立てもあり、人気者になります。

薄　丘が高く、適度なかたさがあると運が強くなる

　ほとんどふくらみのないほど薄いのは、目に見えないものは信じないという現実的な性格をあらわします。ただ、目先の数字に惑わされてしまい、心が狭く、やさしさに欠けがちです。何に対しても批判的なところがあり、人と対立することも多いでしょう。目上からの引き立てもなく、実力はあっても活躍しにくく、損をしている部分がありますので、もう少し柔軟さをもつようにすると運気がアップします。

木星丘で 野心・向上心をみる

わかる 野心や向上心があるか、 人を率いていく力があるか

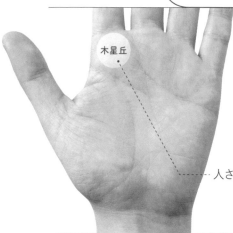

木星丘

人さし指の下のエリア

厚 木星丘の肉づきがよく、 丘が高い

薄 木星丘の肉づきが薄く、 丘が目立たない

厚 木星丘が高く、厚いのは、向上心が強い

木星丘の全体が盛り上がって厚みがあるのは、**野心や向上心が強いことをあらわします**。権力志向で名誉欲があり、人の上に立とうという気持ちが強いタイプです。人に従うのは苦手で、常に自分が前に出ていきます。指導力があり、統率力もあるため、人をまとめていくことができるでしょう。理想が高く、実行力もあるので、描いたほとんどの夢を実現させることができます。

薄 木星丘が平らで薄いのは、消極的であきらめが早い

覇気がなく、目標は立ててもすぐにあきらめてしまい、能力を発揮することはありません。目立つこと、責任をもつことが嫌いで人の上に立とうとはしません。他人との衝突は少ないものの、家族にはかなりわがままを言うタイプ。運気を高めるために、自分の刺激になるような人と出会い交流をもちましょう。自分の内にあるエネルギーが燃え始めれば、丘もだんだん盛り上がってきます。

土星丘で思慮深さをみる

わかる 物事を考える姿勢や
自己探求タイプかどうか

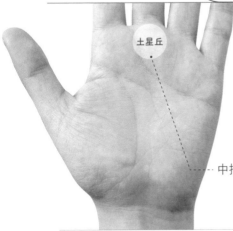

土星丘

中指の下のエリア

厚 土星丘の肉づきがよく、
丘が高い

薄 土星丘の肉づきが薄く、
丘が目立たない

厚 土星丘が適度に厚いのは、思慮深い

　土星丘は丘のなかでは比較的高さのない丘ですが、適度に厚みがあると**思慮深く、自分を見つめる能力があることをあらわします。**人を騒がせることなく、自分のことは自分で解決しようとします。忍耐力があり、真面目なタイプです。また、土星丘の中央がかなり盛り上がっている場合は、物事を考えるときに深刻になりやすく、神経過敏で、人と比較してはがっかりするタイプです。

薄 土星丘が薄いのは、マイペースで孤立しがち

　自分のことについてはそれほど考えず、とりあえず、人に合わせて動いていることをあらわします。鈍感なので、何か言われたりされたりしても、怒るどころか気づきません。人の行動は気にならず、人の話に耳をかさず、いつもマイペースです。対人関係は自己中心的なので、孤立しがちです。人のために自分ができることを率先してやるようにすると、人ともうまくやっていけます。

太陽丘で 天からの恵み・縁をみる

わかる 太陽のように輝く"成功"を意味する。
仕事の成功や経済的安定を得られるか

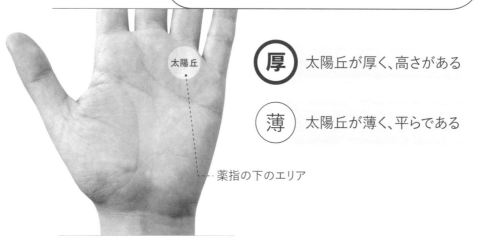

太陽丘

薬指の下のエリア

厚 太陽丘が厚く、高さがある

薄 太陽丘が薄く、平らである

厚 太陽丘が厚いのは、お金にも名声にも恵まれる

太陽丘に厚みがあると、**天からの恵みが多く、幸せを手に入れられることをあらわします。**経済的にも安定し、豊かさが約束されるでしょう。仕事では名声を得られて大きな成功をおさめることができます。会話やファッションのセンスも抜群で、人から親しみをもたれます。芸術的なものに造詣が深く、楽しむ能力があります。自分でも何かをつくって、人を感動させることができるでしょう。

薄 太陽丘が薄い人は縁に乏しく、力が発揮できない

太陽丘が薄いのは、人の縁に恵まれにくいところがあります。目上の人からの引き立てをあまり受けられないため、能力があっても発揮できるチャンスがなかなかやってきません。気がきかず、人の心を読みとるのも苦手なので、成功するのはなかなかむずかしいでしょう。

でも、自分の心がけしだいで手相は変わります。思いやりをもち、行動するようにすると運は開けるでしょう。

水星丘で
コミュニケーション能力をみる

わかる コミュニケーション能力の有無や
子ども運、ビジネス運

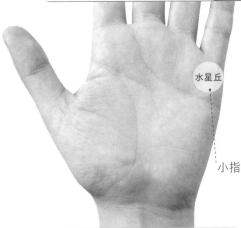

水星丘

小指の下のエリア

厚 水星丘が厚く、高さがある

薄 水星丘の肉づきが薄く、
丘が目立たない

厚 水星丘が厚い人は、感情表現が上手で商才がある

　水星丘に厚みがあると、**コミュニケーション能力があり、人と人をつなぐ力があることをあらわします。** 自分のなかにある情報や感情を表現することが上手で、人に刺激を与えます。ビジネスチャンスに敏感で商才もあるため、よいパートナーが見つかれば、その道で成功することができるでしょう。また、丘に適度なかたさがあれば、子ども運もよく、しっかりとした家庭を築いていくことができます。

薄 水星丘が薄い人は、消極的で対人関係に悩む

　消極的で会話が苦手なので、対人関係で悩みやすいでしょう。お金を稼ぐ意欲も薄く、貯蓄も苦手です。子ども運も弱く、恵まれても悩みを抱えそうです。この相をよくするためには、小指をよく動かすこと。曲げたり伸ばしたり、ゴルフやテニスなど道具を握るスポーツをしたり、バイオリンやドラムなど楽器を演奏したりすれば、小指がきたえられて水星丘も盛り上がってきます。

第一火星丘で 積極性・勝負強さをみる

 わかる モチベーションを高め、 積極的に行動できるタイプか

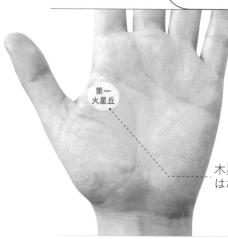

第一火星丘

 厚 第一火星丘が厚く、 ハリとツヤがある

薄 第一火星丘が薄く、 ハリとツヤがない

木星丘と金星丘に はさまれたエリア

厚 肉づきがよいのは行動力があり、勝負強い

第一火星丘の肉づきがよく、ハリとツヤがあれば、**意欲をかき立てる力があり、積極的に行動することができます**。競争に負けない強さがあり、自分を人前でさらけ出す勇気もあります。肉づきがよくてもハリとツヤがないときは、あせりや妬みといった負の思考で争いを起こしがちです。その結果、人を陥れた分、自分自身も不幸な方向へと進んでしまうので、心をしっかり正して生活しましょう。

薄 肉づきが薄いのは消極的で競争も苦手

第一火星丘の肉づきが薄いのは、元気さに欠け、すべてのことに対してやる気がそれほどわかず、なんとなく流されて生きていることをあらわします。消極的で競争は苦手。いつも目立たないように、人の影に隠れてしまいます。目標もなく、とりあえずは日々静かに生きられればよいと考えるため、欲もありません。体力もそれほどなく、健康を害しやすいでしょう。特に呼吸器系に注意が必要となります。

第二火星丘で忍耐力をみる

わかる 苦労を乗り越える力、自制心や忍耐力があるかどうか

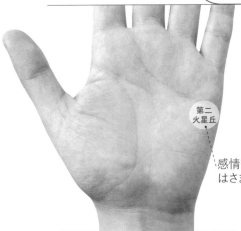

第二火星丘

厚 第二火星丘の肉づきがよい

薄 第二火星丘の肉づきが薄い

感情線の下、水星丘と月丘にはさまれたエリア

厚 厚い人は忍耐力で苦難を乗り越えていく

第二火星丘は水星丘と月丘の間にはさまれて、火星平原からしだいに高くなった部分です。ここに厚みがあると、**忍耐力があり、どんな苦難も乗り越える力があります。**他人ではなく、自分自身と闘っていき、自己に負けることがありません。冷静で自制心があり、人に対してイヤなことはせず、迷惑もかけません。思慮深く行動して物事を正しく判断していくため、人生において失敗はほとんどないでしょう。

薄 薄い人は意志が弱く、精神的に不安定

第二火星丘が薄くなっているのは、意志が弱く、わがままなことをあらわします。がまんが嫌いで、イヤなことはまったくやろうとしません。精神的には不安定で、自信をもてず、すぐに人に左右されてしまいます。言っていることがコロコロ変わるので、人から信頼を得にくいところがあります。好きなことを続ける努力をすると、道が開けていきます。

火星平原で 自我の強さ・表現の仕方をみる

わかる くぼみ方で自分の表現の仕方や 性格、対人関係の傾向

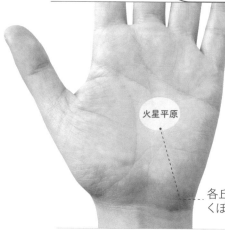

火星平原

1 適度なくぼみがあり、 全体にハリとツヤがある

2 極端にくぼんでいる

3 火星平原が厚すぎる

各丘に囲まれた手のひらの中央の くぼんだエリア

1 適度にくぼみがあるのは、温厚な性格で信頼を集める

感情に左右されず、物事を的確にみる目をもちます。 温厚でやさしいの で、穏やかな生活をすることができます。真面目で、仕事もていねいなの で信頼され、順調に伸びていくでしょう。

2 極端にくぼんでいるのは、無気力で消極的

何事に対しても興味が薄く消極的で、闘争心もありません。 体もそれほど 丈夫ではないので激しい運動は苦手で、長続きしません。よいパートナー に出会えれば、生活が改善され、肉づきがよくなります。

3 厚すぎるのは闘争本能が強く、自己中心になりがち

闘争本能が強く、常に戦うことを好みます。 トラブルの中に飛び込んでい くような勇気があり、問題を解決していきますが、時と場合によっては被害 を受けることも。パワーがあり余っていて自分の体力を顧みずに行動するの で、ケガや病気をしないように注意しましょう。

手相にあらわれる基本のサイン

手には、幸運やトラブルを知らせるサインがあらわれます。出る場所と形の意味を合わせて、手相を読み解いていきましょう。

ラッキー（＋アンラッキー）・サイン

星

幸運と成功。一部で災難
3本以上の線がクロスして星形になっているのは、幸運と成功をあらわす強運のサイン。ただし、中指の下の土星丘に出ているときは、災難を暗示するので要注意。

三角

才能開花で成功の兆し
基本の横＆縦三大線など主要線を使わず単独であらわれる三角は、あらわれたその丘の意味を強めます。その分野で才能が開花し、成功することを意味します。

四角

危機回避とトラブル暗示
事故やケガ、破産など深刻な危機に遭う運命のはずが、四角の出現で奇跡的に逃れられることに。ただし、感情線の上に出た場合は、トラブルの暗示なので要注意。

円

大成功と水難への警告
角がなく、丸い円は珍しいサイン。特に、太陽丘に出たら、大成功をおさめる超ラッキーマークです。ただし、月丘に出たときは水難事故に注意しましょう。

アンラッキー・サイン

島

健康状態への警告
鎖の目のような形を「島」といい、主線の途中にあらわれます。生命線上では慢性疾患、知能線上では精神的な不安、感情線上では心臓や目に注意という意味です。

キレギレ

運勢に負の意味を与える
主要な線の途中が切れたり、何本ものこまかい線で形づくられたりしているのは、線の意味にマイナス要素を与えたり、転機を示したりします。

格子

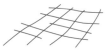

運勢の停滞や暗転
いろいろな丘にあらわれ、丘がもつ運気の停滞や不安定さを示します。順調な運勢に転機が訪れる暗示なので、気を引き締めてとり組むようにしましょう。

鎖状

疲労を伝え、休息を促す
「鎖」とは島が複数続き、鎖のように見えるもの。主線に出て、その線のもつ意味を弱めます。たいてい肉体的、精神的な疲労を示すので、休息をとりましょう。

手の丘に出る
ラッキー・サイン

① 三角はその丘の意味を
プラスするサイン

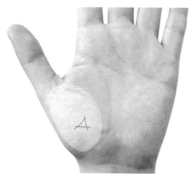

　主要な線を使わずに、単独で三角を作っ
ている細い線は、それがどの丘にあっても
その丘のプラスの意味を引き出してくれま
す。成功するラッキー・サインであり、各
分野で活躍します。

② 木星丘に出るクロスは、
出会いに恵まれるサイン

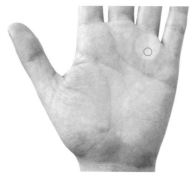

　縦線と横線が直角に交わっているものを
「クロス」といいます。木星丘にクロスが出
ていたら、愛情面でのラッキー・サインで
よい出会いにも恵まれ、楽しい人生となり
ます。

③ 太陽丘に円が出るのは、
大成功をおさめるサイン

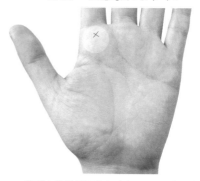

　線が丸くなっている円は、ほとんど出な
い珍しいマーク。太陽丘に円が出ていると、
大成功をおさめることをあらわします。世
の中で名前を知られ、大きな財を得ること
ができるでしょう。

④ 水星丘に出る四角は、
財産難から救われるサイン

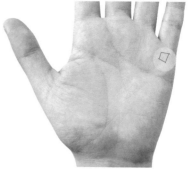

　現在の経済状況を示す水星丘に、保護
の意味を示す四角の印が出たら、財産難
から救われることをあらわしています。急に
大金が必要になる場合などにも、奇跡的に
お金が入り、切り抜けられます。

手の丘に出る
アンラッキー・サイン

① **手のひらに点が出るのは、**
心身ともに疲労ぎみ

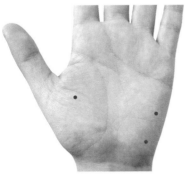

　心身ともに疲れやすく、事故や病気を引き寄せやすい状態です。黒みのある赤はケガ、ふつうの赤は熱の出る病気、黒と青は体力と精力の減退を意味します。点が消えるまでは注意を続けてください。

② **水星丘に島があるのは、**
お金の苦労を暗示

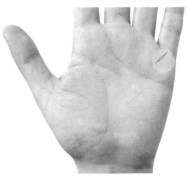

　線の途中で線が割れてまた戻り、目のような形を作るのが「島」です。水星丘に島があると、お金での悩みを抱えがちである印。借金をしたりして、お金で苦労しそうです。

③ **土星丘に出る星形は、**
災難を暗示

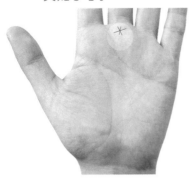

　左ページの②のクロスにもう1本線が加わるのが、星形です。星形は本来ラッキー・サインで強運の印ですが、土星丘に出ている場合は災難に遭いやすく、常に非常時に備える必要があります。

④ **月丘に出る円は、**
水難注意を暗示

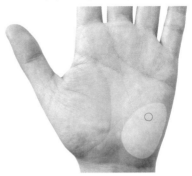

　月丘に円が出ているのは、水難に遭う可能性が高いことをあらわします。すでに遭っていても油断ができず、再度遭う可能性があるので、水のある場所では注意してください。

ここで
おさらい 基本の線と丘の位置

プロローグで解説した、丘、基本の横三大線、縦三大線、
そのほかの大切な線を全部まとめて表記してみました。

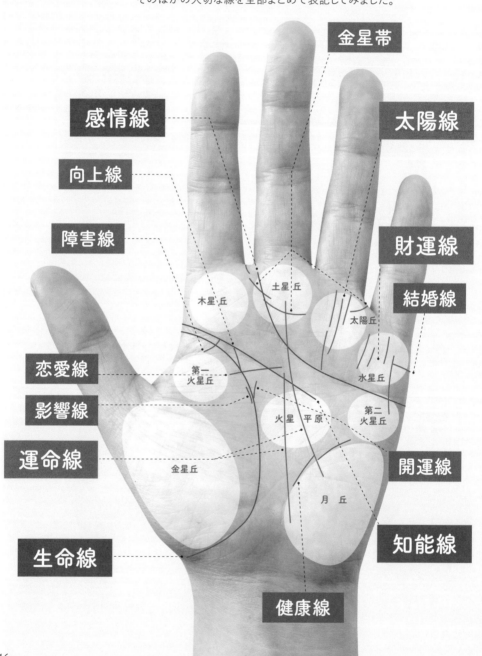

金星帯

感情線

向上線

障害線

太陽線

財運線

結婚線

木星丘

土星丘

太陽丘

水星丘

第一
火星丘

恋愛線

影響線

運命線

火星平原

第二
火星丘

金星丘

月丘

開運線

知能線

生命線

健康線

横三大線を
みる

次は基本中の基本であり、手相に一番影響を与える「横三大線」を学びます。横三大線とは、「生命線」「知能線」「感情線」のことで、この3本を鑑定することができれば、基本的な性格や運命を判断することができます。

1 生命線 総合運・健康運をみる ----

生命線とは？
親指と人さし指の間から親指
のふくらみに沿って、手首の
方向へと伸びる線のこと

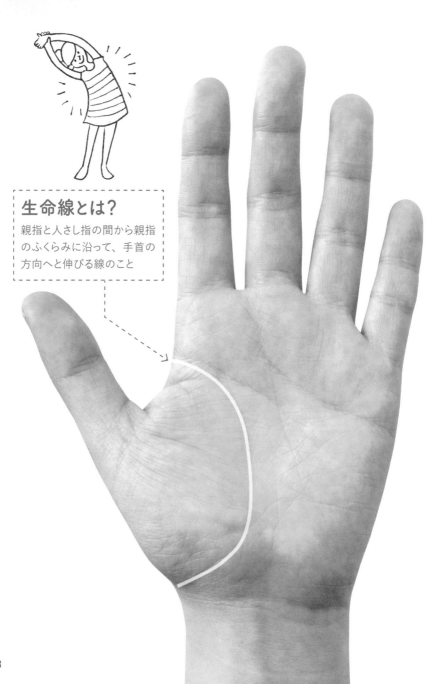

命が宿る肉体を語る線。
人生の流れや大きな転機などがわかる

人生がどう展開するのか、その人の一生の流れをみる

　生命線とは、親指と人さし指の間から親指のふくらみに沿って、手首の方向へと伸びる線のことです。

　生命線をみれば、生命が順調に継続されるか、どのような肉体をもち、性質はどのようなものかを知ることができます。また、その肉体をもつ人の人生がどのように展開していくのかといった大きな一生の流れをみることができます。そのほか、環境に変化が起こる時期や恋愛・結婚の時期、自分の意識の変化の時期など、人生における転機も生命線上にあらわれます。

生命線にあらわれる線や形は、生活上の注意を促す

　生命線そのものが島（→61ページ）をつくったり、いったん切れて隣からカバーする線が出ている（→64ページ）、あるいは生命線へ細い支線が流れ込んできたり、細い支線が出たり、また生命線を横切って開運線（→182ページ）、向上線（→180ページ）、恋愛線（→152ページ）といった線があらわれたりします。

　生命線は生命の危機が訪れるとき、突然切れることも多いので、いままでつながっていたものが切れたときには十分な注意が必要で、生活をあらためることが大切です。生命線は必ずしも長い場合ばかりではなく、途中でそばにある線でカバーされていることもあります。体調が悪いときなどは、生命線とその周囲がこげ茶色っぽくなります。

―― 生命線からわかること ――

▶ 人生の歩み方
▶ 健康状態と寿命の長さ
▶ 体力や気力の充実度
▶ 恋愛や結婚の時期
▶ ケガや病気の前兆

自分の線を
見つけよう！

生命線のタイプ
全リスト

「生命線」ページで解説する、手相の一覧表です。
ひととおり学習したあと、手相の線を見つけるときや、
知識の整理に活用してください。

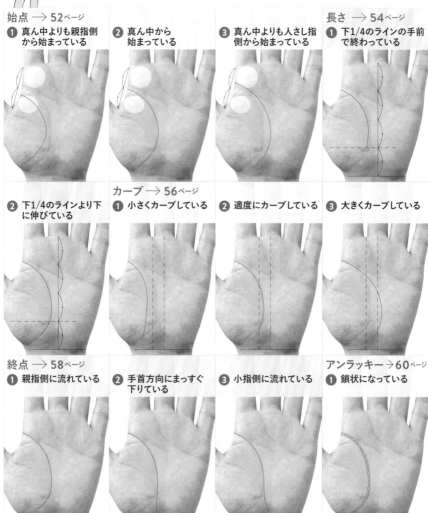

始点 → 52ページ

❶ 真ん中よりも親指側
から始まっている

❷ 真ん中から
始まっている

❸ 真ん中よりも人さし指
側から始まっている

長さ → 54ページ

❶ 下1/4のラインの手前
で終わっている

❷ 下1/4のラインより下
に伸びている

カーブ → 56ページ

❶ 小さくカーブしている

❷ 適度にカーブしている

❸ 大きくカーブしている

終点 → 58ページ

❶ 親指側に流れている

❷ 手首方向にまっすぐ
下りている

❸ 小指側に流れている

アンラッキー → 60ページ

❶ 鎖状になっている

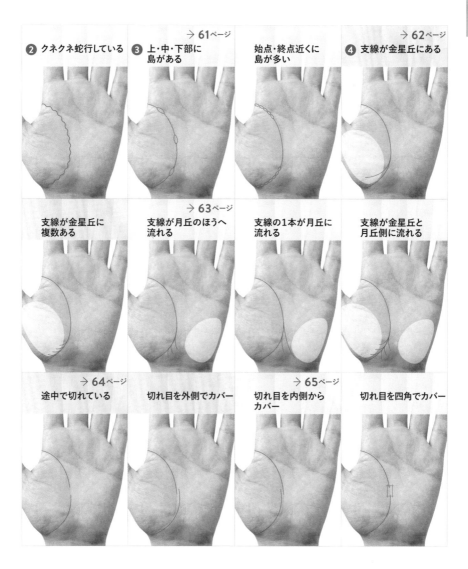

② クネクネ蛇行している

③ 上・中・下部に
島がある

→ 61ページ

始点・終点近くに
島が多い

④ 支線が金星丘にある

→ 62ページ

支線が金星丘に
複数ある

支線が月丘のほうへ
流れる

→ 63ページ

支線の1本が月丘に
流れる

支線が金星丘と
月丘側に流れる

途中で切れている

切れ目を外側でカバー

→ 64ページ

切れ目を内側から
カバー

切れ目を四角でカバー

→ 65ページ

生命線の**始点**で
人生・気質をみる

🔍 始点の見方

人さし指のつけ根から親指の
つけ根の間を2等分したとこ
ろを基準にして、生命線がど
こから始まるかをみます。

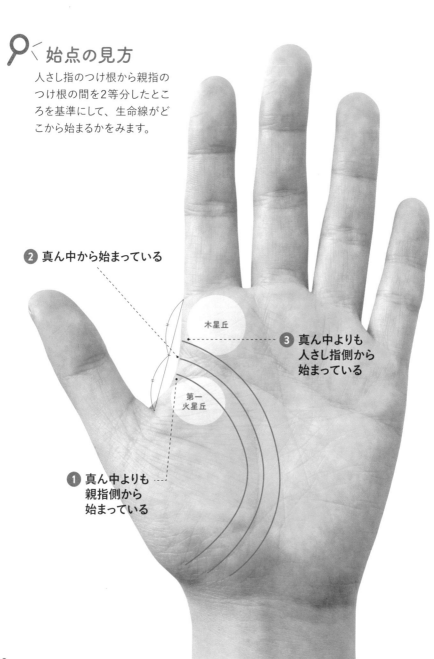

② 真ん中から始まっている

木星丘

③ 真ん中よりも
人さし指側から
始まっている

第一
火星丘

① 真ん中よりも
親指側から
始まっている

正義感が強いか、野心家か、良識のある人物か。
生命線の始まりで、気質や人生の歩み方を知る

① 親指側から始まるのは、野心や向上心が強い人

　生命線が親指側から始まるのは、闘争心を意味する第一火星丘が狭く、向上心をあらわす木星丘が広くなり、木星丘の意味が強まります。

　かなり下のほうから始まっている場合は、**野心や向上心が強くなりすぎて、私利私欲のために行動をしていきます。**自分ばかりが得をするように考えていると、トラブルが起こりやすくなります。人や社会のために自分ができることをしてあげることが、結果的には自分の得となるのです。親指側から始まっても、やや上のほうから始まれば社交的となり人脈も広くなります。

② 始点が真ん中の人は、バランス感覚のすぐれた人

　生命線が人さし指と親指のちょうど中間あたりから始まっているのは、木星丘がもつ向上心や野心という意味と、第一火星丘がもつ積極性、闘争心といった意味を、両方ともバランスよく備えていることをあらわします。

　自分もよく、人もよくという考えをもっていて、人に対して自分ができることはするけれども、ムリをしてまではやらないというスタンスの持ち主。はっきりしているので、対人関係のトラブルはほとんどなく、信頼を得る人となります。人生は安定し、波が少なく、自分の理想とする生活を送ることができるでしょう。

③ 始点が人さし指寄りの人は、社会のために生きる人

　生命線が人さし指側から始まっているのは、向上心や野心をあらわす木星丘が狭く、積極性や闘争心をあらわす第一火星丘が広くなるので、第一火星丘の意味が強まります。**正義感が強く、自分のためというよりも、人や社会のためにがんばる性質があります。**ただ、善意を利用されてだまされるようなこともありますので、気をつけましょう。

　また、生命線の始まりが人さし指に近づき、極端に高いところから始まるほど、第一火星丘の意味が強まり、過激な思想や行動に傾いてしまうようなところもあります。

生命線

生命線の**長さ**で
生命力・寿命をみる

🔍 長さの見方

生命線の長さは、中指のつけ根から手けい線までを4等分した下1/4のラインを横にまっすぐ伸ばしたラインを基準にして、その手前で終わっているか、それを越えて伸びているかでみます。

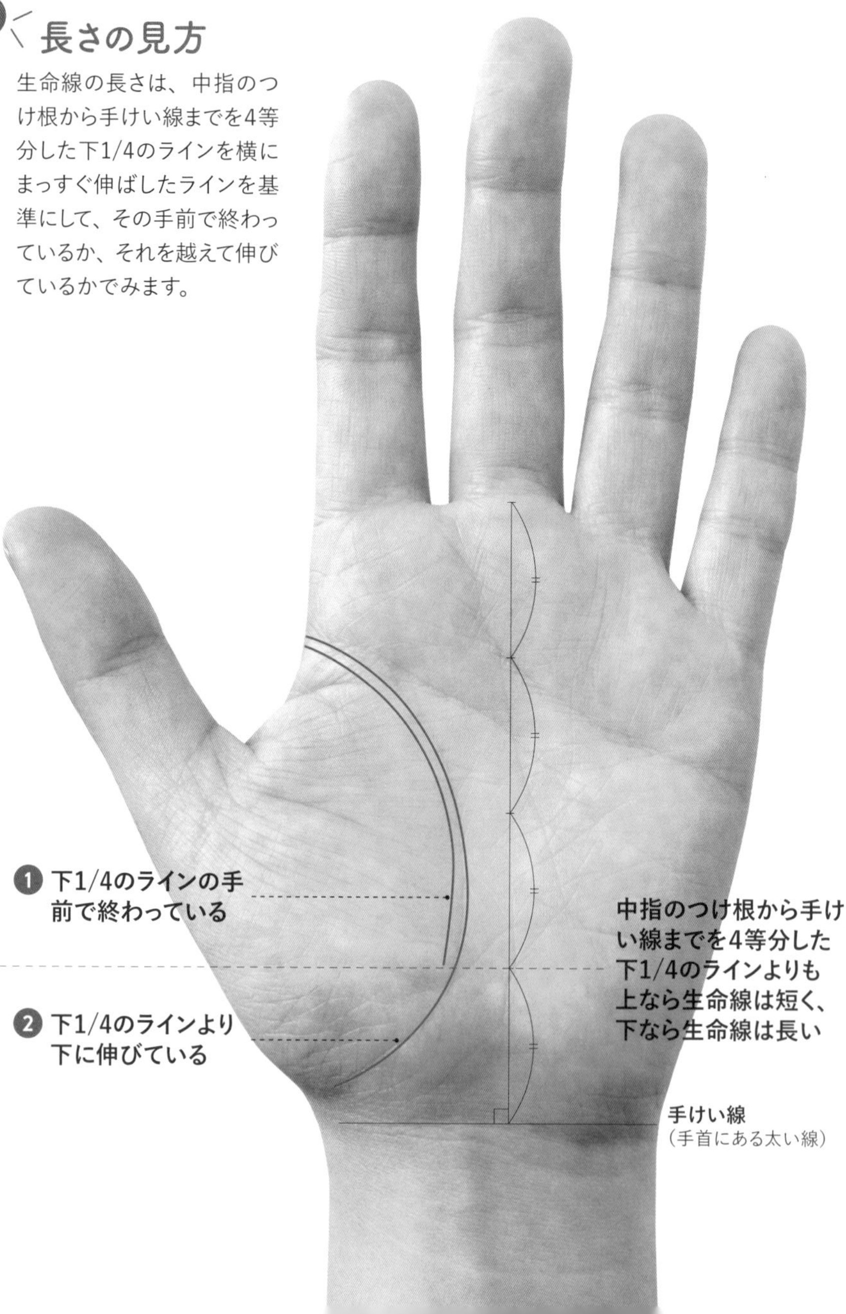

❶ 下1/4のラインの手前で終わっている

❷ 下1/4のラインより下に伸びている

中指のつけ根から手けい線までを4等分した下1/4のラインよりも上なら生命線は短く、下なら生命線は長い

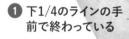

手けい線
（手首にある太い線）

長さは生命力の強さや健康状態をあらわす。
健康に生きるコツを読みとろう

❶ 生命線が短いのは、誕生時のトラブルを意味

生命線が短いのは短命だといわれますが、実はそうではありません。生命線が親指のふくらみの途中くらいまでしかないのは、母親の胎内にいるときに何らかのトラブルで一時的に呼吸が止まったり、誕生時に難産だったりしたことをあらわしています。そのため、**現在、健康に問題がないようであれば、それほど心配することはないでしょう。**むしろ、1回生まれ変わったことと同じ意味になり、業がはらわれていることが多く、この世では自分の自由に生きられるようになります。

ただひとつ気をつけなければならないのは、ラクばかりしたがり、他力本願になったり、人任せになったりすると、のちのち苦労することになります。人や社会のために何かをしようと徳を積むことでまた命も延びます。

なお、生命線が短くても、「外カバー」といって違う生命線が外側にあると、長い生命線とほとんど同じ意味となります。

❷ 生命線が長く伸びているのは長寿のサイン

生命線が手首のほうまで長く伸びているのは、**寿命が長いことをあらわします。線がはっきりしていて、切れ目がなければ、健康に恵まれ、大した病気もすることなく晩年まで過ごすことができます。**

あまり人に左右されることがないので、自分のペースを守り、ムリすることがありません。食生活もきちんと管理でき、過度に栄養をとりすぎることはなく、睡眠も深く疲れをあとに残さないので、常にエネルギーがいっぱいです。

線が薄かったり、細かったり、鎖状（→60ページ）になっているときには、寿命は長いものの、健康状態に問題を生じやすくなります。また、不摂生をしたり、危険なことをしたりする場合も、線が切れるなどの生命の危険を知らせる印があらわれます（→64ページ）。健康上のダメージを受けて感情面が不安定になると、事故に遭いやすく生命の危機を招くことも。常に直感が働くように、健康を過信せず、規則正しい生活を送るようにしてください。

生命線の**カーブ**で **精力**をみる

カーブの見方

人さし指・中指のつけ根の間と、中指のつけ根の中心からそれぞれ手けい線に垂直に補助線を描いてみて、中指の補助線よりカーブが張り出していれば「大きなカーブ」、その手前までのカーブは「適度なカーブ」、人さし指・中指の間から下した補助線の手前までしか出ていなければ、「小さいカーブ」といいます。

❶ 始点からあまりカーブせず、下に伸びている

❷ 手のひらの中央に向かって、適度にカーブしている

❸ 始点から手のひらの中央に向かって、大きくカーブしている

手けい線

生命線のカーブは、バイタリティーを象徴。
カーブが大きいほど心身ともに精力旺盛

❶ 小さいカーブの人は、質のよい食事で補強を

　生命線の張り出しがほとんどないのは、**エネルギーが弱く、生まれつき虚弱体質であったことをあらわします。**

　現在元気でも、いったん病気で倒れると、治るまでに時間がかかる傾向があります。まずは病気にならないようにすることが一番大切です。ふだんからゆったりとしたスケジュールのもとで行動し、あせることのないように心がけていきましょう。規則正しい食事をすることで体力がついてくると、親指周辺の金星丘の盛り上がりが増え、運気がアップします。

❷ 適度なカーブの人は、健康体

　大きいカーブではないけれど、ゆるやかな丸みのある生命線は、**内にあるエネルギーをバランスよく使っていることをあらわしています。動くときにはしっかり動き、休みたいときにはゆっくり休むということが自然にできる人なので、健康な体を維持することができます。**

　ふつうの労働なら、よく食べ、よく眠ることを心がけることで、疲れがたまることはまずないでしょう。体調がくずれそうなときでも、体が"働きすぎだよ"というサインを出すので、ムリをすることはなさそうです。

❸ 大きなカーブの人は、エネルギッシュな運動部系

　生命線が大きなカーブを描いているのは、**肉体的にも精神的にも充実していて、エネルギッシュな人です。体をどんどん動かすことに快感を得るタイプで、強い意志をもっていれば、大きな成功を手にするでしょう。**

　生命線が大きくカーブしている人は、親指のつけ根のふくらみが厚く盛り上がっていることも多く、この相の持ち主は自分の体力の限界まで、動きたい衝動に駆られる傾向にあります。ときに気持ちが高揚し、限界を超えて激しく動きすぎるため、関節や筋肉など体の部位を傷めることがありますので注意しましょう。

生命線の**終点**で
体力・気力をみる

終点の見方

生命線の終点は、その末端が親指側、手首、小指側のどの方向に流れているかで判断します。

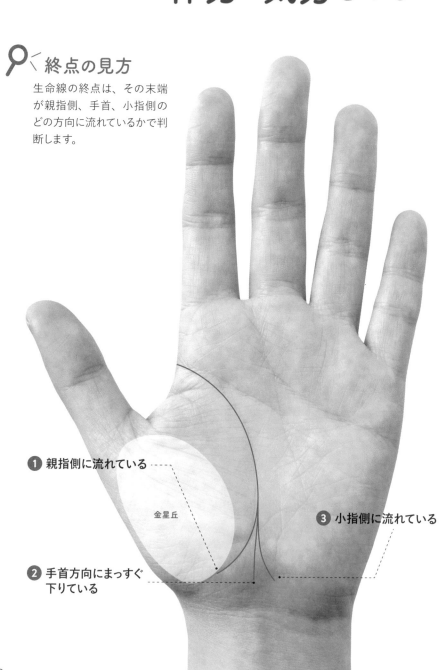

❶ **親指側に流れている**

金星丘

❸ **小指側に流れている**

❷ **手首方向にまっすぐ**
   下りている

> 生命線の末端がどちらへ流れるかで、
> 体力や気力の充実度がわかる

① 親指側へいくのは、だれからも愛される

　生命線が金星丘（→34ページ）を囲うように流れていて、その末端が親指側に向かって流れ終わっているのは、最も理想的な形で、体力・気力が充実していることをあらわします。

　愛情深く育てられ、だれからもかわいがられる性質をもっています。周囲の人たちと調和を保ちながらも、自分のペースを守っていくことができる人で、手がたく安定した人生を送ることができるでしょう。

　自分の家や故郷ともしっかりつながっていて、地域のために貢献していき、大きな仕事を成し遂げていきます。

② 手首方向にまっすぐ下りるのは、体力がなく消極的

　生命線の末端が手首のほうへまっすぐ下りて終わっているのは、**体力があまりなく、気力も続かないことをあらわしています。**健康状態だけでなく、精神的にも不安定なところがあり、何かを始めてもすぐ疲れてしまったり、飽きやすかったりする傾向があります。健康に関してはムリをしなければ深刻な問題にはならないので、疲れをためないようにするのがポイントです。

　性的にも積極的になれないタイプで、結婚も晩婚になったり、独身で通したりすることも少なくありません。女性でこの相の場合には、子どもを産まないこともあります。

③ 小指側で終わるのは、変化を求める

　生命線の末端が小指側へ流れて終わるのは、十分すぎるほどの気力があり、1カ所にじっとしていることができません。**新しいものや刺激を受けることが好きで、休んでいるときよりも、動いているときのほうが落ち着くという性質です。**常に変化を求めているタイプなので、住居や職業なども、しばしば変わることが珍しくありません。

　ただ、精力的に動きすぎると、体力がついていかないということも起こりえます。ムリが積もると腎臓、肝臓、生殖器にトラブルを抱える危険も。体の声にも耳を傾け、適度に休息をとるようにしてください。

生命線に出る
アンラッキー・サイン

❶ 「鎖状」は肉体的に弱い

生命線がはっきりせず、こまかい島が連なるように鎖状になっているのは、**少しのことでも肉体にダメージが出やすいことをあらわします。生まれつき体力がなく、なかには大病をわずらう人もいます。**何をしても根気が続かず、がんばろうと思っても体がついていけず、結局途中で物事をやめてしまいがちです。

この相の人は、あまり急がないことが大事。社会のペースに合わせるとストレスがたまるので、自分のペースで進むとよいでしょう。

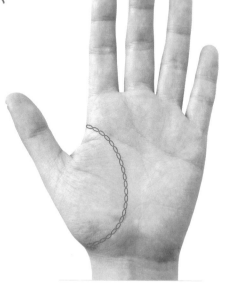

❷ 「クネクネ」は苦労人

生命線が波打つように曲がっているのは、**苦労が多い人生を象徴しています。ラクな道もあるのに、あえてたいへんなほうへ進む傾向があります。**

対人関係での苦労の暗示があり、ふだんは口が達者で強気な部分もありますが、本当は気が弱く、肝心なことが言えません。他人に左右されやすく、人のよさにつけ込まれてだまされることも多いので、時と場合によっては警戒心をもちましょう。また、言うべきことをはっきり言う勇気をもてれば、人生が変わり、線もととのってきます。

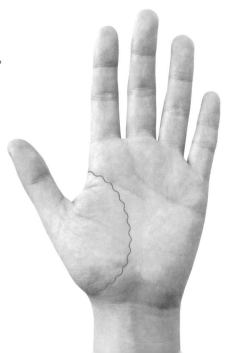

❸ 「島」は体調の悪い相

A　上部に島

ムリをすると、体調をくずしやすい体質です。特に肺や気管支など呼吸器系が弱く、ぜんそくを持病にもつ人にみられます。体に不調があれば、すぐに対処・治療することが大事。島が人さし指の幅よりも長い場合は、血圧の変化に注意しましょう。

B　中部に島

消化器系が弱いことを暗示。中年以降、気をつけないと、成人病、ポリープや腫瘍などをわずらう可能性が。体調管理や早期発見・治療を心がけて。

C　下部に島

下半身の臓器が弱いことを意味。肝臓、腎臓、膀胱の病気にかかりやすく、ムリを続けると循環器まで悪くなることも。生殖器にも影響が出やすく、精神的にも不安定になりがち。自分の体力を考え、重労働や激しい運動は避け、体を冷やさないようにしましょう。

D　始点近くに島が多い

成人する前、体が弱く風邪を引きやすい、おなかをこわしやすいなどの傾向が。適度な運動で、体力をつけて。

E　終点近くに島が多い

晩年に健康を病むことを暗示。日ごろの食生活が体をつくっていきます。きちんとした食事を心がけましょう。

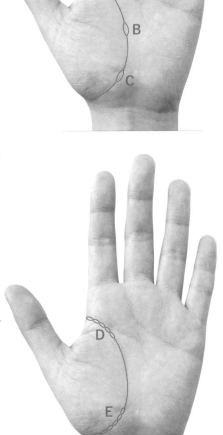

❹ 先端の「支線」は体力減退やトラブルの予兆

A　支線が金星丘にある

　生命線の本線から金星丘へ向けて支線が1本出ているのは、**バイタリティーがあり、チャレンジ精神旺盛なことをあらわします。**生命線の本線も支線も両方が太くはっきり出ていれば、生活する場所を2カ所もつという意味です。ほとんどの場合、自宅と仕事場、自宅と別荘、自宅と愛人宅というように家を2軒もつようになります。

　体力があり、疲れ知らずなのであまり病気はしませんが、健康を過信してムリをしすぎると、突然倒れることがあります。特に、下半身の病気には注意してください。

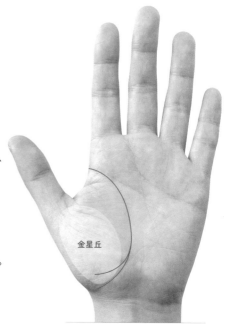

金星丘

B　支線が金星丘に複数ある

　生命線の本線から金星丘へ向けて支線が何本も出ているのは、**生命エネルギーが弱っていることをあらわします。**体調がはっきりせず、寝ても疲れが抜けないような状態です。病気にもかかりやすく、いったん倒れるとダメージが大きくなります。特に、胃腸など消化器系に注意が必要です。

　また、精神的にもゆとりがなく、感情の起伏が激しくなります。小さなことでも大げさにとらえてしまい、落ち込むことも多いでしょう。対人関係にもマイナス面が目立ち、トラブルに巻き込まれがちです。

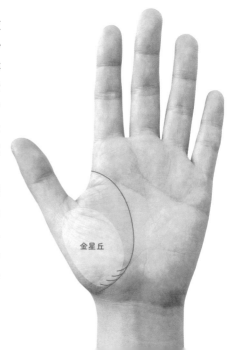

金星丘

C　支線が月丘のほうへ流れる

生命線の本線は親指側に流れ、そこから月丘（→35ページ）のほうへ支線が何本も出ているのは、**体力が落ち、神経がすり減っている深刻な状況です。**ホルモンバランスがくずれ、情緒不安定となり、人間関係にも苦労します。

異性にも消極的で、出会っても進展しません。よく食べ、規則正しい生活をしましょう。子どもをもとうとしても相手との相性がかなりよくないとむずかしいでしょう。

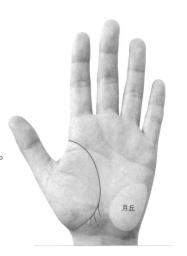

月丘

D　支線の1本が月丘に流れる

生命線の先が1本は親指のふくらみをくるむように流れ、もう1本が月丘に流れるパターンには2通りあります。

①2本の線が早いうちに分かれ、大きく開いているのは、**家を継がず故郷を離れます。**狭い世界ではがまんができず、変化を好み、持ち前の行動力で活動していきます。

②2本の線が最後に分かれ、小さく開いている場合は、**過労で体力が減退している状態です。**健康管理をしないと晩年は病気がちとなり、経済的にも不安定に。

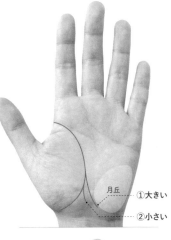

月丘　——①大きい
　　　——②小さい

E　支線が金星丘と月丘側に流れる

もともとあまり体が丈夫ではなく、肉体的にも精神的にも衰弱していることを意味します。疲れやすく、体調が悪くなると気持ちも落ち込むという悪循環に。ムリをすると倒れてしまい長引くので、よく食べよく寝て、体力をつけましょう。

また、信頼できる医師を見つけるなどして、いつでも相談できるという安心感がもてれば状況は改善します。

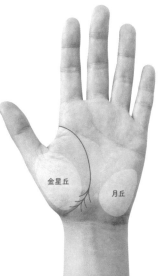

金星丘　　月丘

生命線

63

⑤ 生命線の「切れ目」は健康・人生の転機をあらわす

A　途中で切れている

　生命線が途中で切れているのは、**その途切れた地点で、人生における何か重大な出来事が起こることをあらわしています。**いつ起こるかは、流年法（→66ページ）でみるとわかります。

　生命エネルギーが弱くなってしまうため、健康面に不安を抱えて倒れてしまったり、思わぬ事故などに巻き込まれてしまったりということもあります。

　切れ目を見つけた場合には、特に健康管理に気をつけて生活しましょう。危険が降りかかるような場所へはできるだけ近づかないことです。

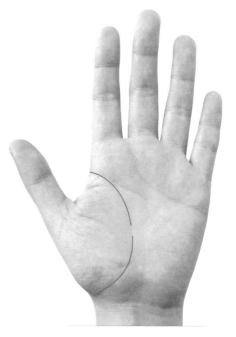

B　切れ目を外側でカバー

　生命線が途中で切れていて、それを外側から重なるようにカバーする線があるのは、**その途切れた地点で大きな出来事があるものの、目に見えない力によって助けてもらうことを示しています。**

　途切れた地点の年齢のあたりに、職業が変わったり、転居したりと環境の変化があります。それによってますますエネルギーは高まり、活発に行動していくでしょう。ときには勢いがありすぎて、気持ちばかりが先行してしまい、体がついていかないということもあるので、気をつけてください。

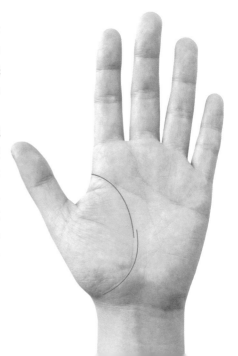

C　切れ目を内側からカバー

　生命線が途中で切れていて、それを内側から重なるようにカバーする線がある場合、**その途切れた時期に大きなダメージを受けることをあらわします。**出来事とは、健康上のトラブルが多く、この流年の歳に特に体が弱る可能性がありますから、くれぐれも注意が必要です。

　そのときは、人のためによいことをして徳を積むことで、もともとの生命線と内カバーになっている生命線が細い四角でつながってきて（D参照）、ピンチを切り抜けることができます。

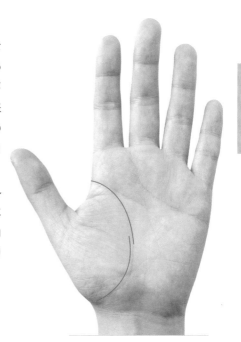

D　切れ目を四角でカバー

　生命線が途切れてはいるものの、その切れ目が四角形の細い線でカバーされているときは、**受けるはずだった危険を、先祖のご加護により避けることができ、生命が保護されることをあらわします。**

　本来ならば、切れた地点の年齢の時点でトラブルに巻き込まれるという暗示なのですが、先祖に感謝する気持ちをもったり、人に対して徳を行ったりすることによって、回避することができます。ただし、過信しておごった考えをすると、この四角は消えてしまうので注意してください。

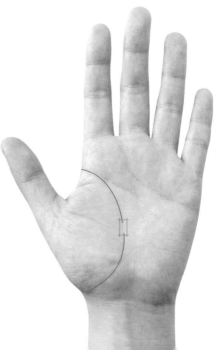

生命線上にあらわれる転機のサイン。流年法でいつ何が起こるかがわかる

生命線に年齢を当てはめて転機の時期を知る

生命線は、人生の流れをみる大切な線です。人生のどの時期に変化が起こるのか、生命線上にそのサインがあらわれます。その時期がいつなのかを知ることができるのが、「流年法」です。

生命線は人さし指のつけ根と親指のつけ根の間から始まり、スタート地点を15歳としてグルッと親指を囲み、最後の手首の側面を100歳とします。始点から人さし指幅1つ目を21歳とし、次を29歳、40歳、56歳、72歳と年齢を当てはめていきます。もし生命線が短かったり、途切れて外カバーになっているようなときにも、それがつながって側面まで達していると仮定しながら、年齢をみていきます。

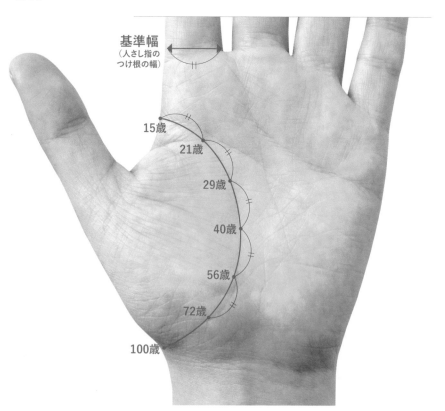

基準幅
（人さし指の
つけ根の幅）

15歳
21歳
29歳
40歳
56歳
72歳
100歳

こんな線 は こんな意味

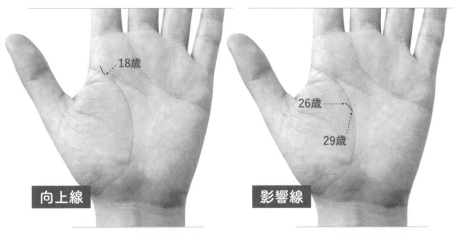

向上線

生命線から上に向かう支線の始点で、がんばる時期をみる

　生命線の始点近くから人さし指に向かって、向上線が伸びています。この例は成人前、18歳くらいでの努力を示し、受験勉強などでかなりがんばったことがわかります。生命線から中指に向かう開運線では、開運の時期がわかります。

影響線

親指側から支線が合流する地点は結婚の時期を示す

　細い線が始まった地点では、だれか支えてくれる人との出会いをあらわし、生命線との合流地点では、その人と結婚することがほとんどです。この例では、26歳で運命の人と出会い、29歳で結婚することを意味します。

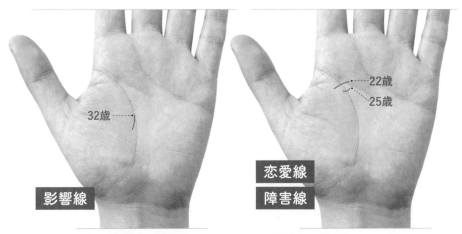

影響線

生命線の内側からの分岐は多忙になる時期を示す

　生命線の途中から枝分かれして、生命線の内側（金星丘）のほうに伸びる線は、その分岐の歳から忙しくなることをあらわします。この例では、32歳くらいからとても忙しくなることを示しています。

恋愛線
障害線

線が横切る地点で恋愛や障害のある歳を知る

　恋愛線や障害線が生命線にクロスした地点で、心に残る恋愛をしたり、障害が起こってトラブルに巻き込まれたりします。この例では、22歳で大恋愛をして、25歳のときに病気や事故に遭うなどの暗示があります。

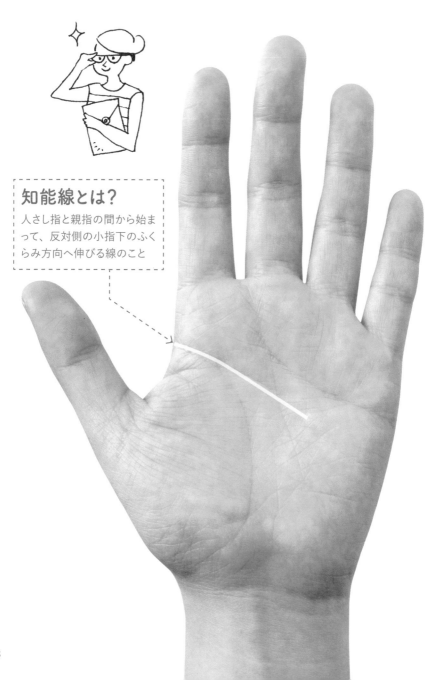

知能線 仕事・能力をみる

知能線とは？

人さし指と親指の間から始まって、反対側の小指下のふくらみ方向へ伸びる線のこと

知能線の長短やカーブの形で、才能や適職を読みとる

思考タイプや才能を知り、仕事で力を発揮する

知能線は、人さし指と親指の間から始まって、反対側の小指下のふくらみ方向へ伸びる線のことです。**物事の考え方があらわれる線で、その形状によってどんな思考タイプかがわかります。知能線が長いか短いかによって考えを実行に移すまでのスピードを、また、カーブのしかたで表現のやわらか度をみることができます。**

そして、知能線がどの丘へ向かっているかで、その人がどのような才能の持ち主であるのかもみることができます。現実的で数字に強く計算が速いのか、それとも創造的で表現する才能に恵まれるのかもわかります。自分に合った職業を決めるときの参考にしましょう。

暗示を読みとり、トラブルを未然に防ぐ

頭の病気やケガに関するサインもあらわれます。早めにトラブルに気づけば、対策をとることができ、大難は小難に、小難は無難にすることができます。

知能線は横三大線のなかでも先端が変化しやすく、頭をたくさん使っているときには知能線が浮き上がって見えてきます。

知能線は生命線や感情線にくらべると、形がさまざまで、わかりにくいことが多い線です。本数も2、3本出ていたり、枝分かれしていたりすることもあります。何本かある場合には、1本1本の始点と終点をマークするうちに、だんだんとわかるようになります。

＿＿＿ 知能線からわかること ＿＿＿

▷ どのような思考タイプか
▷ 考えを実行に移すまでのスピード
▷ 文系か理系か
▷ 表現のやわらかさ、かたさ
▷ どんな才能をもっているか

自分の線を
見つけよう！

知能線のタイプ
全リスト

「知能線」ページで解説する、手相の一覧表です。
ひととおり学習したあと、手相の線を見つけるときや、
知識の整理に活用してください。

始点 → 72ページ

❶ 生命線と同じ始点で
重なりは1cm以内

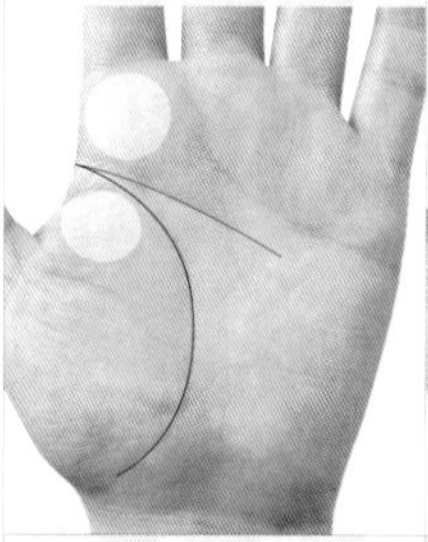

❷ 生命線と1cm以内
離れた地点から始まる

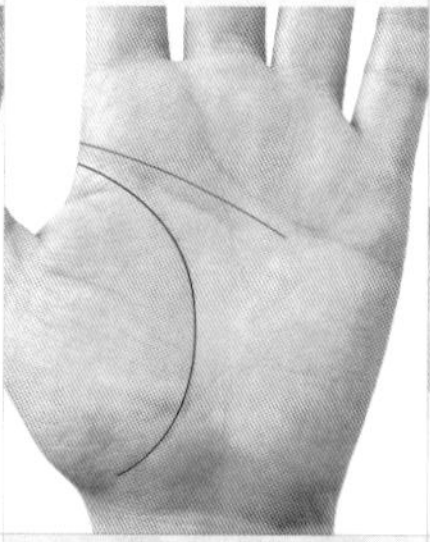

❸ 生命線と1cm以上
離れた地点から始まる

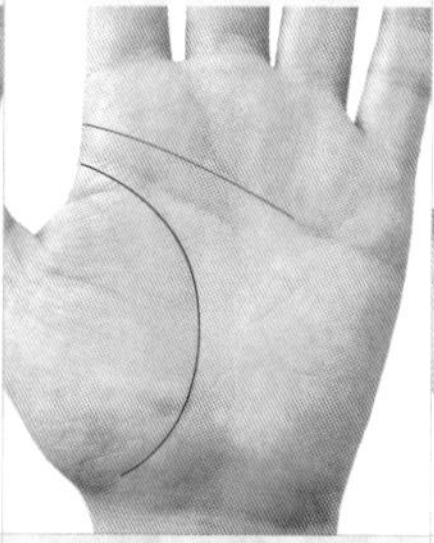

❹ 生命線と1cm以上重
なった地点から始まる

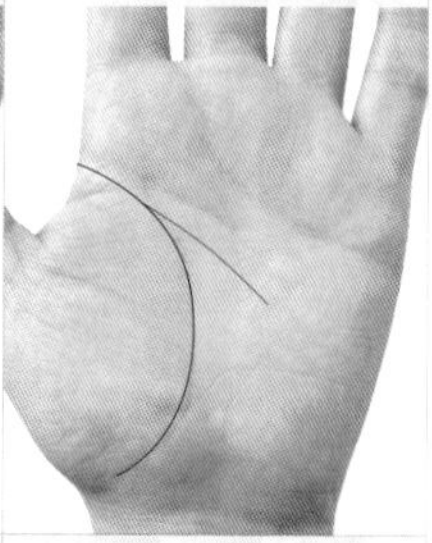

❺ 手のひらの途中から
始まる

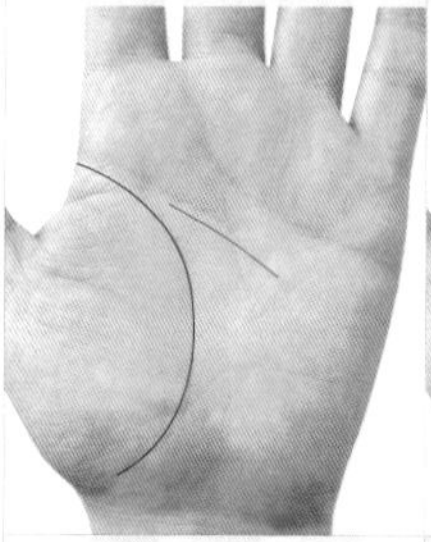

長さ → 74ページ

❶ 薬指真ん中の基準線
より長い

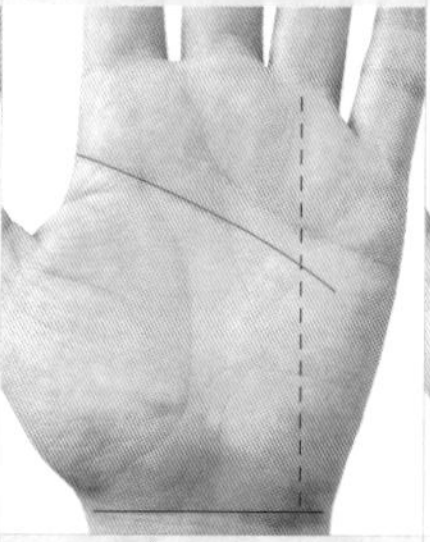

❷ 薬指真ん中の基準線
より短い

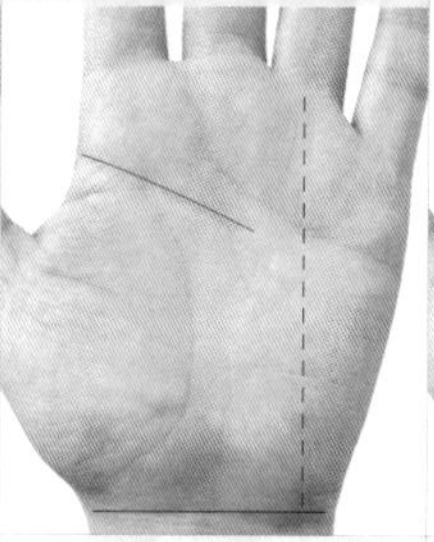

ライン → 76ページ

❶ まっすぐ伸びている

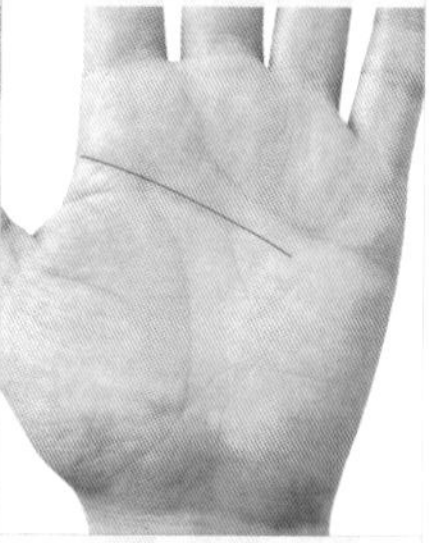

❷ カーブを描いて
伸びている

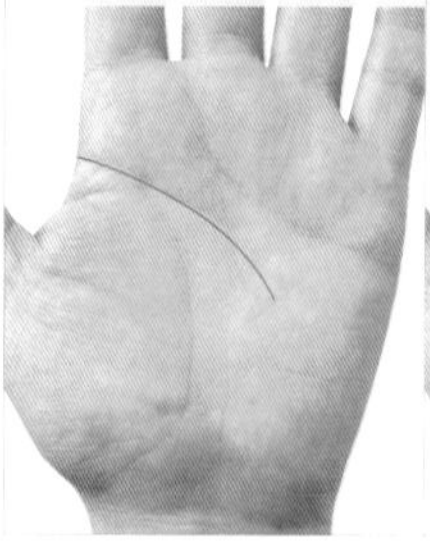

スペシャル → 77ページ

二重知能線

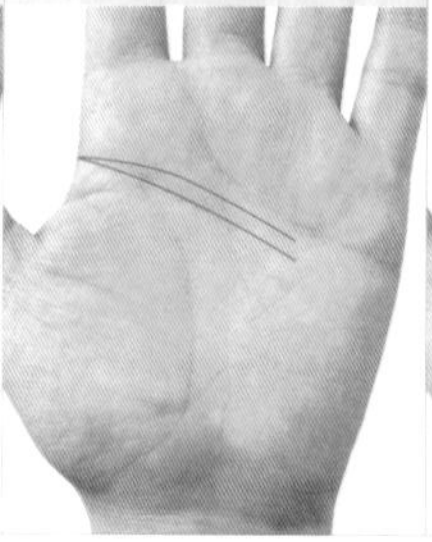

終点 → 78ページ

❶ 第二火星丘で
終わっている

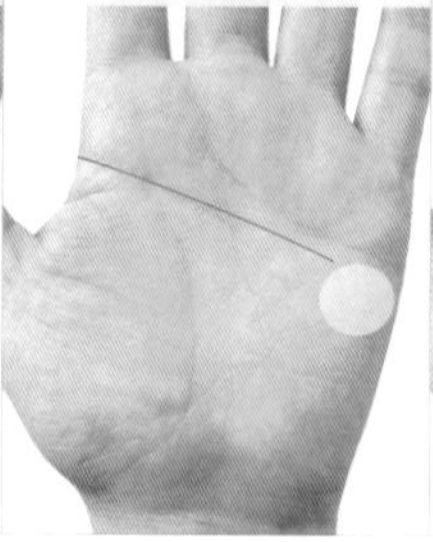

❷ 月丘の上のほうで
終わっている

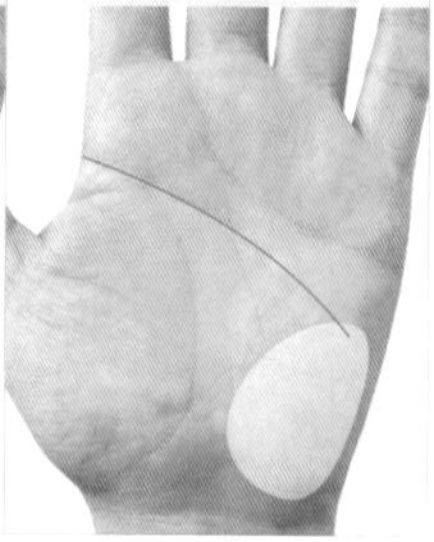

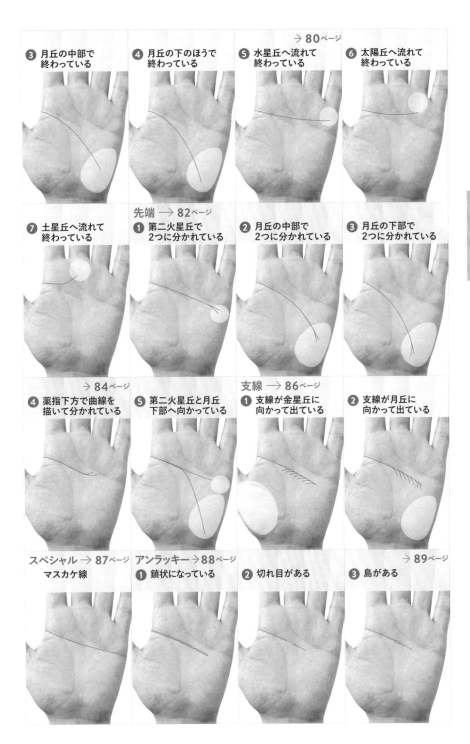

❸ 月丘の中部で
終わっている

❹ 月丘の下のほうで
終わっている

→ 80ページ
❺ 水星丘へ流れて
終わっている

❻ 太陽丘へ流れて
終わっている

❼ 土星丘へ流れて
終わっている

先端 → 82ページ
❶ 第二火星丘で
2つに分かれている

❷ 月丘の中部で
2つに分かれている

❸ 月丘の下部で
2つに分かれている

→ 84ページ
❹ 薬指下方で曲線を
描いて分かれている

❺ 第二火星丘と月丘
下部へ向かっている

支線 → 86ページ
❶ 支線が金星丘に
向かって出ている

❷ 支線が月丘に
向かって出ている

スペシャル → 87ページ
マスカケ線

アンラッキー→88ページ
❶ 鎖状になっている

❷ 切れ目がある

→ 89ページ
❸ 島がある

知能線の**始点**で
行動パターンをみる

🔍 始点の見方

知能線の始点は、生命線の始点と人さし指のつけ根の間にあるのがほとんどです。生命線を基準にして、生命線からどのくらい離れて出ているか、あるいはくっついて出ているかなどをみていきます。

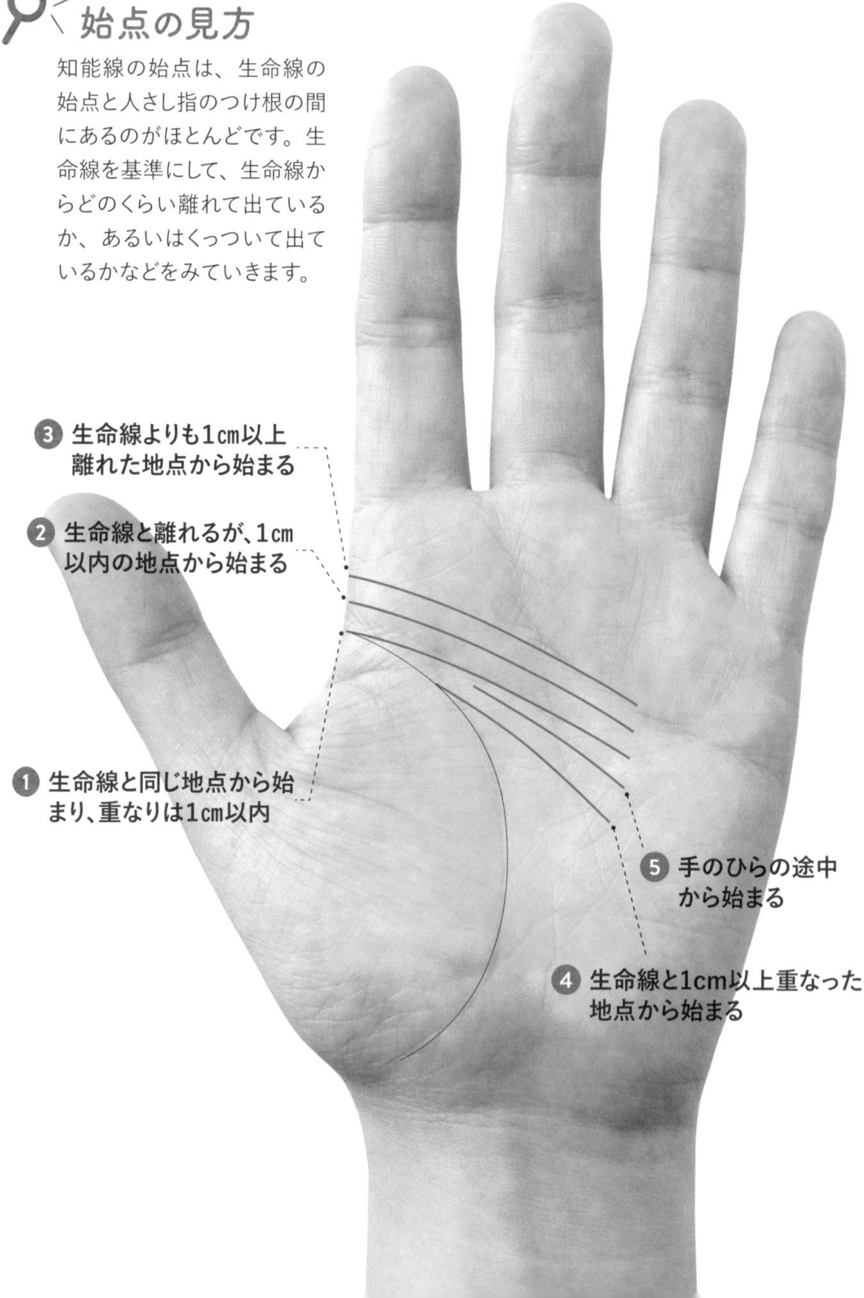

❸ **生命線よりも1cm以上離れた地点から始まる**

❷ **生命線と離れるが、1cm以内の地点から始まる**

❶ **生命線と同じ地点から始まり、重なりは1cm以内**

❺ **手のひらの途中から始まる**

❹ **生命線と1cm以上重なった地点から始まる**

知能線が始まる地点をみると、
持ち前の性分や得意・不得意な面がわかる

❶ 生命線と同じ地点から始まる人は「慎重派」

常識があり、社会生活を円滑に送ることができる人の相です。慎重派なので失敗することがなく、人がしたあとに自分もするといった、石橋をたたいて渡るタイプです。ただし、慎重すぎるあまりチャンスを逃すこともあるので、思いきって動くように心がけましょう。

❷ 生命線と離れるが、1cm以内から始まる人は「積極的」

常識的で、外見はおとなしそうに見える半面、することが大胆なので周囲を驚かせます。先を見通す力にすぐれ、目先のことにとらわれず、大きな視点から物事をみることができます。自分をうまくアピールできるので広い人脈をつくり、実力以上の評価を得られます。

❸ 生命線より1cm以上離れて始まる人は「刺激好き」

刺激が好きで、変化を楽しめる人です。インスピレーションを受けると衝動的に動くことがあるので、周囲に驚かれることも多いはず。ただ、軽はずみに"なんとかなる"と思っても、できない事もあります。自分の力量をわきまえ、責任を負える範囲で行動しましょう。

❹ 生命線と1cm以上重なっている人は「消極的」

消極的で、自分ひとりでは動けず、親や配偶者など周囲に依存するタイプです。気弱な部分や人のいいところを利用され、トラブルに巻き込まれることもあるので、気をつけましょう。よくない人間関係を引きずりがちですが、断ち切る勇気も大切です。

❺ 手のひらの途中から出ている人は「両極端な性格」

慎重さと大胆さの両極端の性格をもつ人です。ふだんは静かで控えめなのに、ときに過激な行動をするので、周囲に理解されにくく、組織のなかでは苦労します。しかしムリをして人に合わせるより、自分を理解してくれる人たちとつきあい、ストレスが少ない環境をととのえていきましょう。

知能線の**長さ**で 思考パターンをみる

🔍 長さの見方

知能線の長さは、薬指の中央から垂直に下ろした補助線を基準に見極めます。補助線を越える知能線は「長い」、補助線に届かないのは「短い」と考えます。

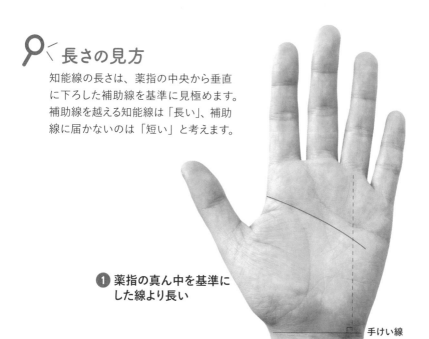

❶ 薬指の真ん中を基準にした線より長い

手けい線

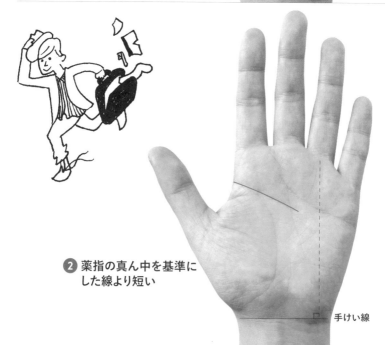

❷ 薬指の真ん中を基準にした線より短い

手けい線

> 知能線の長さは、思いつきから
> 行動に移すまでの時間の長さを示す

❶ 知能線が長いのは、行動する前に熟考する人

　薬指の真ん中から手けい線に垂直に下ろした線と交わる地点よりも長ければ、長い知能線となります。

　知能線が長いのは、**思慮深い人で、行動するまでによく考えることをあらわします。**ひとつの問題に対して、さまざまな角度から見て、対策を練りに練りますから、大きな失敗はほとんどありません。

　ただ、熟考するのはよいのですが、その結果、実行が遅れたり、考えすぎて結局実行しなかったりするために優柔不断に見られることが少なくありません。せっかくの大きなチャンスも、即断できないゆえに、逃してしまうことも多いでしょう。そのため、思いきりのよさも必要となります。

　頭がよく、話にも説得力がありますから、周囲から信頼されます。ただ、人の心を読みすぎるあまり、取り越し苦労することも多いようです。考えてもしかたないことは考えないようにして、明るいことを思うようにするといいでしょう。

❷ 知能線が短い人は、思い立ったらすぐ行動

　薬指の真ん中から手けい線に垂直に下ろした線と交わる地点よりも短ければ、短い知能線となります。

　知能線が短い人は、**パッとしたひらめきを得ることが多く、考えるよりはまず行動していきます。**何の準備もなく、思いつきで動くためにときには失敗することもありますが、多くの場合、よい結果に結びつきます。インスピレーションを受けて即行動に移すとき、それを大きな成功にするか小さな成功で終わらせるかは、本人の努力しだいです。ふだんから、勉強を欠かさないようにしましょう。

　熟考しない性分は、対人関係にも影響します。単純なところや無頓着なところがあるため、悪気はなくても相手の心証を悪くするなどしてトラブルが多くなりがちです。「自分は人よりもあまり考えないタイプ」ということをふだんから意識して、積極的に気づかいをするようにすると、いい人間関係が育ってきます。

知能線の**ライン**で **文系・理系**をみる

 **ラインの見方**

知能線がまっすぐに伸びているのは「直線的」、ゆるやかにカーブを描いて伸びているのは「曲線的」とみます。

❶ まっすぐ伸びている

❷ カーブを描いて
伸びている

知能線がまっすぐか、曲線かで
思考や性格が理系か文系かがわかる

❶ 直線的な人は、理系で性格もストレート

知能線と同じように**性格的にもストレートで、何事にも白か黒かをはっきりさせないと動かないタイプです。**理系的なセンスに恵まれていて、数字に強く、情報処理能力にすぐれています。何をやってもスピーディーにでき、ムダな部分がありません。

ただ、使う言葉も表現もストレートなため、周囲には「キツすぎる」と感じる人もいて、誤解されることもあるでしょう。気軽さがあまり感じられず、人を近づかせない雰囲気があるので、笑顔と、やわらかな会話を心がけてください。

❷ 曲線的なのは、文科系でやさしい性格

知能線がゆったりカーブを描いている人は、**人間的にもやわらかさがあり、人を包むようなやさしさがあります。**

物事をズバッとはっきりと言うようなことはしないで、相手の様子を見ながら会話をすすめます。あいまいなままの状態も受け入れることができ、目先のことに振り回されず、あせらず、ゆったりとしたものの考え方をします。表現も穏やかで角がないので、人づきあいも円滑でトラブルになることはほとんどありません。

これは
スペシャル

二重知能線

思考力があり、多芸多才の人物

知能線はふつう1本出ていますが、2本出ているのを「二重知能線」といいます。

知能線が2本あるのは、**考える力も2倍となり、思考力があり、優秀なことをあらわします。**多芸多才で、人からも注目を浴びます。また、繊細でまわりの人をよく見ている気配り上手。財運もよく、子どものころからお金には苦労せずに育っているので、自信をもって自分の道を切り開いていきます。

知能線の**終点**で **才能・適職**をみる

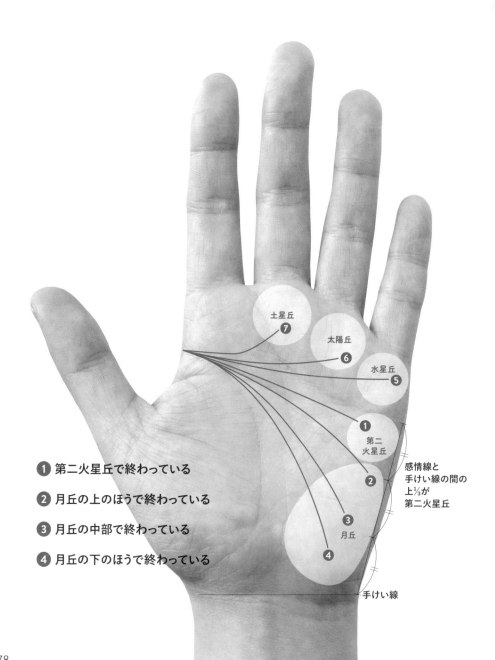

土星丘
❼

太陽丘
❻

水星丘
❺

❶
第二
火星丘

感情線と
手けい線の間の
上⅓が
第二火星丘

❷

❸
月丘

❹

手けい線

❶ 第二火星丘で終わっている

❷ 月丘の上のほうで終わっている

❸ 月丘の中部で終わっている

❹ 月丘の下のほうで終わっている

❶ 第二火星丘へ流れるのは、頭脳明晰で数字に強い

現実的な才能にすぐれている人。頭脳明晰で数字に強く、一瞬で計算をしていく力があります。大きなお金を動かすことも得意なので、社会に出てからその才能を発揮します。

現実的で体験のみを信じるタイプなので、どんないい話でも疑ってかかる慎重さも兼ね備えています。金融関係の仕事に進むと、能力を発揮することができるでしょう。

❷ 月丘上部で終わる人は、リーダー的素質あり

現実的な能力と、創造的な才能をバランスよくもち合わせており、常識的で、言ったことをきちんと行動に移しますから、周囲からの信頼も厚いでしょう。

また、勉強することが好きで、いろいろな分野に精通していることから、人を導くリーダーとして活躍します。教育者や政治家、医師、弁護士など社会的にも責任のある分野で能力を発揮します。

❸ 月丘中部で終わるのは、生粋のエンターテイナー

先見性と創造力があり、なにより人が喜ぶことを考えるのが得意です。考え方が柔軟で人の考えを聞き入れながら、物事を上手にアレンジできる人です。

ユニークな発想が支持され、それが仕事に結びつく場合が多いでしょう。イベントの企画運営やゲームソフトの開発、生活を充実させるための提案をする分野の仕事で能力を発揮します。

❹ 月丘の下で終わっているのは、感受性の強さを意味

神秘的なことに関心が高く、その半面、物質的なことにはほとんど興味がなく、心の豊かさを追求します。マイペースで、プライドが高いため、なかなか社会になじめません。

ただ、内心寂しさを感じるため、常にだれかとコンタクトをとっていようとします。本が好きで、本からインスピレーションを得ます。翻訳などの仕事につく人にも多い相です。

次ページにつづく→

知能線の**終点**で **才能・適職**をみる

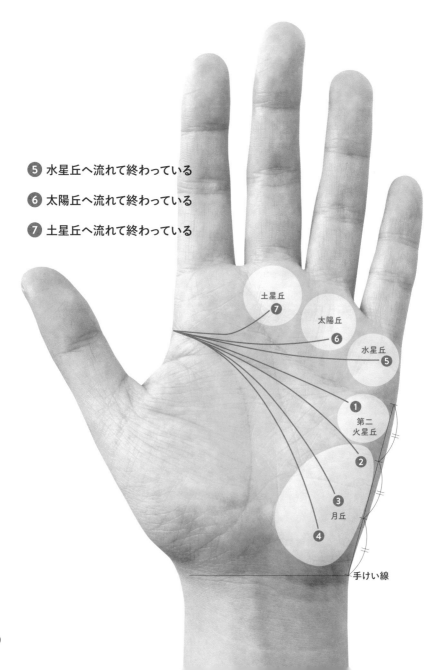

⑤ 水星丘へ流れて終わっている

⑥ 太陽丘へ流れて終わっている

⑦ 土星丘へ流れて終わっている

土星丘
⑦

太陽丘
⑥

水星丘
⑤

①
第二
火星丘

②

③
月丘

④

手けい線

⑤ 水星丘へ流れる人は、陰の実力者として活躍

観察力や推理力に恵まれ、判断能力にもすぐれていて、お金を得るアイデアが豊富なので、財を成していくでしょう。

自分がメインになって動いて目立つのは得意ではなく、だれかをサポートしたり、プロデュースしたりする立場で、お金を稼ぐようになるでしょう。

観察力を生かして警察官や探偵、企画力を生かしてプロデューサーとしても活躍できます。

知能線

⑥ 太陽丘へ流れるのは、美を扱う商才を発揮

芸術や芸能を鑑賞する力があり、金銭感覚にもすぐれているため、芸能界で大きく成功する可能性があります。

社交的で人あたりがよく、腰が低いので、人をイヤな気持ちにさせませんが、内面は狡猾なところがあり、油断ならないのがこのタイプ。

美を扱うような仕事、モデル、芸能・制作プロダクションの経営、画商、宝飾商、美容家などで才能を発揮していきます。

⑦ 土星丘へ流れているのは、自己啓発に積極的

物欲が強く、欲を満たすために能力を使う相です。ふだんは物静かでおとなしく見えますが、かなり計算高いタイプ。自分の欲をなんとか満足させたいと、必要以上に神仏をあがめたてまつります。

また、自分をよりよく見せたいと思う気持ちや向上心から、自己啓発のセミナーなどにも積極的に参加するでしょう。

心を扱う商売などでもうける才能もあります。宗教家や占い師、カウンセラーなどを仕事にすることも可能です。

見えます…

知能線の**先端**で **直感力**をみる

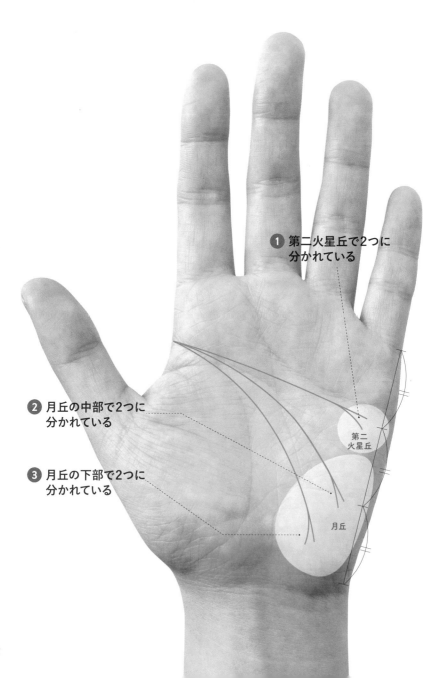

❶ 第二火星丘で2つに
分かれている

❷ 月丘の中部で2つに
分かれている

❸ 月丘の下部で2つに
分かれている

第二
火星丘

月丘

知能線

知能線の先端の分かれぐあいで
直感力の強さ、想像力の豊かさがわかる

❶ 第二火星丘で分かれる人は、先見の力に恵まれる

知能線の先端が第二火星丘で2つに分かれている人は、**直感力にすぐれ、先を読む力があります**。大きなチャンスを事前にキャッチし、それに向けて努力するので、ほとんどの場合ものになります。

慎重かつ大胆で決断力もあり、ビジネスセンスも抜群なので、各方面で成功することができるでしょう。生命線がはっきりと長く、運命線（→112ページ）も月丘からくっきり出ていれば、押しが強く、交渉力があり、起業をしてもよい結果を得ることができます。目上の人からも好かれ、部下にも慕われ、広い人脈を築いていけるでしょう。

❷ 月丘中部で分かれる人は、芸術面でプロに

月丘中部へ入ってから小さくふた手に分かれる人は、**新しいものに敏感で、自分の感性にうまくミックスさせることができます**。文学や芸術の能力にすぐれているので、地道に努力を重ねていけば、その道のプロとなり、自立することができるでしょう。

みずみずしくさわやかな感覚は、人から多くの支持を得られます。繊細でもの覚えも早く、器用なので、次々と素敵な提案をしていくことができるでしょう。飽きっぽいところがありますが、それさえ気をつけて継続することを心がければ、うまくいきます。

❸ 月丘下部で分かれるのは、音楽や美術で大成する

月丘下部で小さくふた手に分かれるのは、**インスピレーションがわき、すぐれた想像力をもつ印。感性が豊かで、表現することが得意なので、ふだんから音楽や美術などに親しむと心が安らぎます**。本格的に勉強をして芸術方面を志せば、花開くでしょう。

さらに、手の表情がやわらかく、ツヤがあり、指先も細く長く伸びていれば、スター性も加わり、大きな成功をおさめることができます。ただし、才能を伸ばしてくれるよい指導者と出会う必要があり、それがないとせっかくの能力も生かせないまま終わってしまうこともあります。

次ページにつづく→

知能線の**先端**で**直感力**をみる

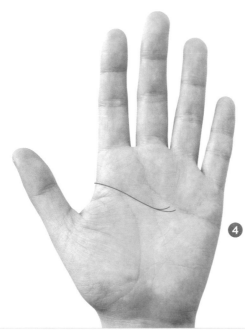

ビビビッ

第六感タイプ

④ 薬指下方で曲線を
描いて分かれている

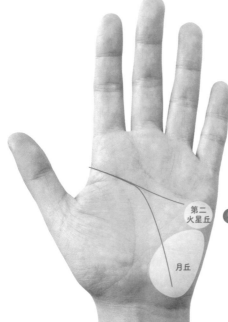

フワフワ

夢想家タイプ

第二
火星丘

月丘

⑤ 先端の1つは第二火
星丘へ、1つは月丘
下部へ向かっている

❹ 薬指の下で曲線になった先端は第六感が強い

先端が薬指の下のほうで分かれ、曲線を描いているのは、**あまりない特殊なタイプで、いわゆる"第六感"という部分がかなり発達していることをあらわします。** たとえば幼いころから、宗教や占いといったものにかかわっている家族や知り合いがいるなど、影響を受けることが多いでしょう。

この知能線から太陽線（→132ページ）が出ていれば、成人後にその能力を使い、社会的に活躍することができます。また、直感線（→139ページ）も出ていると、宗教家や占い師などの仕事をすることになります。

❺ 第二火星丘と月丘下部に分かれる人は、夢想家

先端の1つは第二火星丘へ、1つは月丘下部へ向かっているのは、**空想的なことを実現しようとしていることをあらわします。**

文学や芸術を愛し、精神的に豊かになることを望みます。しかし気が弱く神経質なので、自分の考えを上手に表現することができず、自分に自信がもてません。依頼心が強いために、いつも何か心のよりどころを求めています。そのため、問題のある宗教団体にハマッてしまい、周囲の言うことも聞かなくなることもあります。ときには、大金をだましとられるようなこともあるので、注意してください。

ふむふむ…

知能線の**支線**で**人柄**をみる

🔍 支線の見方

知能線の主線から下に向かって、こまかい支線が出ているかどうかを確認します。薄く、細い線でも、親指側の金星丘に向かっているか、小指下の月丘に向かっているかをみます。

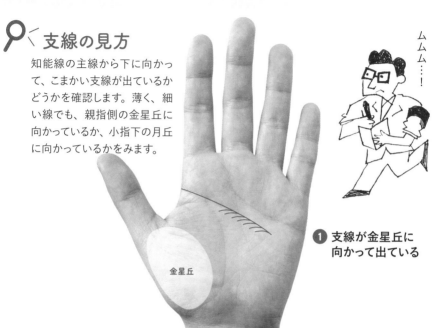

ムムム…！

金星丘

❶ 支線が金星丘に向かって出ている

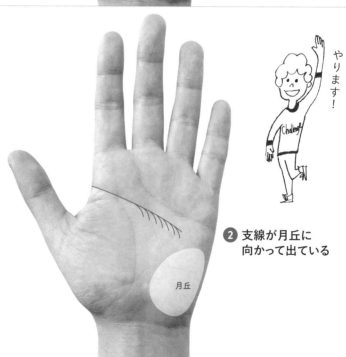

やります！

Challenge

月丘

❷ 支線が月丘に向かって出ている

❶ 金星丘に向かう支線は、問題意識の強さをあらわす

　知能線から金星丘方向にこまかい支線が出ているのは、**はっきりとした自分の考えをもっていること**をあらわします。

　社会的な問題意識も高く、自分が社会に対してできることを実際に行動に移していきます。確固とした考えがあるので、ときには人と意見の違いから衝突することがありますが、一歩も引かずに主張する強さがあります。かなり頑固な面もあるため、ときには柔軟に対応することも大事です。

❷ 月丘に向かう支線は、好奇心旺盛なタイプ

　知能線から月丘方向にこまかい支線が出ているのは、**明るく活気があり、だれからも好かれる性格であること**をあらわします。

　好奇心が旺盛で、おもしろいと感じたものにはどんどんチャレンジしていきます。何か問題が起こっても、決して逃げることはなく、前向きに解決していくように努力できる人です。また、目上の人からの引き立ても受けられ、社会的にも実力を十分発揮して、出世することができるでしょう。

知能線

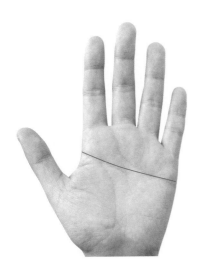

これは
スペシャル

マスカケ線

リーダー的素質にすぐれる人物の線

　知能線と感情線が1本になって手のひらを端から端まで横切っている線を「マスカケ線」と呼びます。この線をもっている人は、**大勢の上に立ち、引っ張っていく力にすぐれています。親分肌で人の面倒をよくみるので、信頼を集めます。**

　平凡なことが性に合わないため、自分の思うようにできない仕事に就いてしまうと、実力を発揮できません。

知能線に出る
アンラッキー・サイン

① 「鎖状」は精神的に不安定なことを示す

知能線が小さい島が連なるようになっているのは、**情緒不安定で落ち着きがないことをあらわしています。**

小さいことでも大きく感じてしまうために、人の些細なことでも気になり、対人関係で悩みやすい傾向にあります。不安をがまんできず、じっとしていられないため、突飛な行動をしたりすることもあるでしょう。この線をもっている人は、疲労が一番よくないので、疲れを感じたら、十分休息をとって、ムリをしないようにしましょう。

② 「切れ目」は頭部の事故や突発的な病気を暗示

知能線が途中で切れてしまっているのは、**頭に関するトラブルが起こりやすいことをあらわします。**

ふだんから帽子をかぶって頭を保護したり、頭が痛いときは休むようにしましょう。もともと切れているときは、それほど心配はありませんが、突然知能線が切れる場合は、突発的な事故や病気の暗示。気をつければ、かなり影響をおさえられます。1カ所以上知能線が切れているのは、頭痛もちのサインで、天候の変化や疲れで頭痛が出ます。早めに薬をのんで対処しましょう。

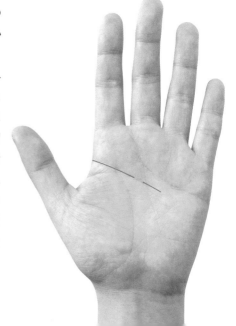

❸ 「島」は頭や顔の事故への警告

知能線の途中の島は、**頭部の病気に
なりやすいことをあらわします。**

頭や顔にトラブルの暗示があり、過度
にストレスがかかると、脳の活動に支障
が出やすく、体調にも悪影響を及ぼしま
す。

性格も真面目で責任感が強いので、
自分ひとりで問題を解決しようと抱えてし
まい、精神的に追い詰められることも。
自分で解決できないことは、人から意見
を求め、考えてもどうしようもないことは
考えないと割り切り、自己管理をしっか
りしていきましょう。

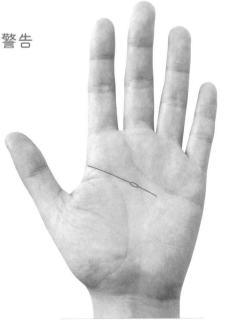

感情線とは?

小指側から始まり、手のひら
上部を横切る線のこと

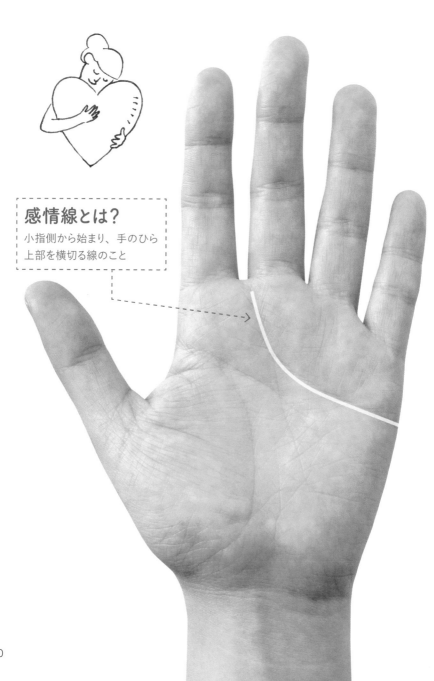

恋愛と感情表現のかたちがわかり、対人関係がスムーズになる

感情のコントロールの癖を知る

感情線は、小指側から始まり、手のひら上部を横切る線のことです。感情線は、**自分の感情をどのようにコントロールしているか、さまざまな感情のわき起こり方、わき起こった感情の表現のしかたなどをみることができます。**

また、感情線の形によって、その人がどのような人とどのような恋愛をするかといった「恋のパターン」もわかります。恋愛したときの注意点などを事前に知っていれば、失恋を減らすことができるでしょう。対人関係の問題は、ほとんど感情のもつれから発するため、この感情線をきちんと理解していれば、自分の感情の動きを客観的にみることができます。

支線の多さは、人間的な厚みをあらわす

感情線は1本すっきり入っているものよりも、適度に支線があって、乱れたような形のほうが、感受性が強く、体がよく反応することを示しています。線が乱れるほど、柔軟性があり、遊び上手で、人を引きつける魅力があります。線に乱れがなければ、潔癖で、遊ぶことをほとんどしないことをあらわします。

また、感情線は血と関係していることから、心臓の働き、ひいては感情の動きもあらわします。あまりにカーブがきつい場合には、感情の起伏が激しくなり、心臓にも負担がかかるでしょう。

┌─ 感情線からわかること ─
- ▶ 感情のコントロールのしかた
- ▶ どんな恋愛をするか
- ▶ 対人関係での注意事項
- ▶ 心の柔軟性
- ▶ 恋愛の終わり

感情線のタイプ全リスト

「感情線」ページで解説する、手相の一覧表です。
ひととおり学習したあと、手相の線を見つけるときや、
知識の整理に活用してください。

始点 → 94ページ

❶ 上1/4のところから始まっている

❷ 上1/4より上から始まっている

❸ 上1/4より下から始まっている

ライン → 96ページ

❶ 乱れることなくまっすぐ伸びている

❷ 曲線を描いている

❸ 途中まで直線、途中から曲線になっている

終点 → 98ページ

❶ 手のひらを横切っている

❷ 木星丘へ入っている

❸ 人さし指のつけ根に入っている

❹ 人さし指と中指の間の下のほうへ流れている

❺ 人さし指と中指の間で終わっている

→ 100ページ

❻ 中指のつけ根で終わっている

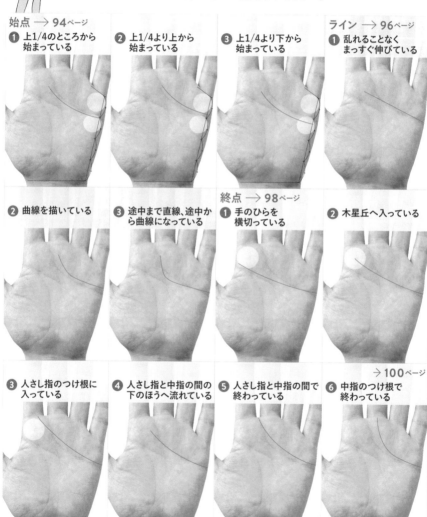

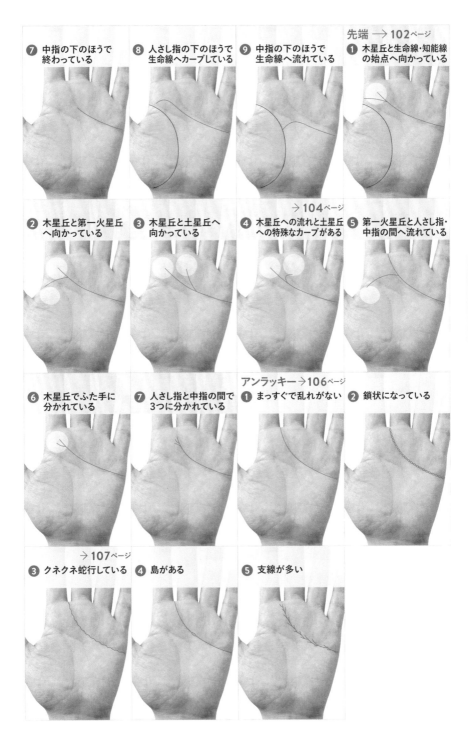

⓻ 中指の下のほうで
終わっている

⓼ 人さし指の下のほうで
生命線へカーブしている

⓽ 中指の下のほうで
生命線へ流れている

先端 → 102ページ
❶ 木星丘と生命線・知能線
の始点へ向かっている

❷ 木星丘と第一火星丘
へ向かっている

❸ 木星丘と土星丘へ
向かっている

→ 104ページ
❹ 木星丘への流れと土星丘
への特殊なカーブがある

❺ 第一火星丘と人さし指・
中指の間へ流れている

❻ 木星丘でふた手に
分かれている

❼ 人さし指と中指の間で
3つに分かれている

アンラッキー→106ページ
❶ まっすぐで乱れがない

❷ 鎖状になっている

→ 107ページ
❸ クネクネ蛇行している

❹ 島がある

❺ 支線が多い

感情線

感情線の**始点**で 恋愛パターンをみる

始点の見方

「手けい線」は手首を横に走る線、「小指下線」は小指のつけ根の線とします。それを結ぶ線の上から4分の1ほどの位置が始点になっている感情線を標準として、その上から出ているか、下から出ているかでみます。

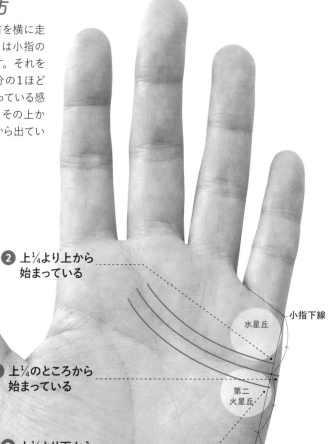

❷ 上¼より上から
始まっている

水星丘

小指下線

❶ 上¼のところから
始まっている

第二
火星丘

❸ 上¼より下から
始まっている

手けい線

感情線がどこで始まるかで
気持ちのあらわし方がわかる

❶ 標準の始点から出ている人は「理性的」

　小指下線（小指のつけ根の線）と手けい線の間を4等分して、上から4分の1の
ところから始まっているのが感情線の標準です。水星丘（→39ページ）と第二
火星丘（→41ページ）のバランスがよく、感情を理性で制御できます。

平常心を忘れず、人の前で感情が乱れることもまずありません。常識的
で気づかいができ、状況をよく見て、感情をコントロールできます。人とト
ラブルを起こすようなこともほとんどなく、だれとでもうまくやっていけるの
で、信頼される人物となるでしょう。慎重なので、体調をくずさないかぎり、
事故やケガにも無縁です。

❷ 標準より上から出るのは「熱血派」

　上から4分の1のところよりも上から出るのは、水星丘が狭く、第二火星
丘が広くなり、第二火星丘の意味が強くなります。**感情のコントロールがむ
ずかしく、激しやすく、理性がききません。**感情のまま行動してしまうため問
題を起こしやすく、そのあともひとりで解決をすることができず、周囲を巻
き込みます。

　また、物欲や性欲が強く、ほしいものはどんな手段を使っても手に入れ
ようとするため、争いが多くなりがち。心を許せる人ができても、自らその
関係をこわしてしまうこともあるので気をつけましょう。

❸ 標準より下から出る人は「冷静沈着派」

　上から4分の1のところよりも下から出るのは、第二火星丘が狭く、水星
丘が広くなり、水星丘の意味が強くなります。**感情の起伏がほとんどなく、
客観的に物事をみることができます。**問題が起きても動じることはなく、状
況を冷静に見て判断できます。知恵が働き、自分が損をするようなことはま
ずしません。

　ただ、気持ちを表現するのが苦手で、恋愛についても冷めたところがあ
り、相手に思いをうまく伝えられない面もありますが、時間をかけていくこ
とで愛ははぐくまれます。

感情線の**ライン**で
感情表現パターンをみる

🔍 ラインの見方

感情線の形の特徴は、大きく3つ。まっすぐ直線的に伸びているタイプ、全体的にゆるやかにカーブしているタイプ、あるいは途中までまっすぐに伸びて急に上を向くタイプがあります。

❶ 乱れることなく まっすぐ伸びている

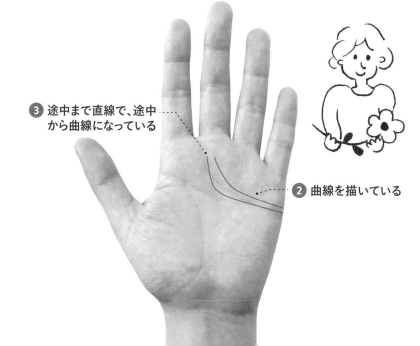

❸ 途中まで直線で、途中 から曲線になっている

❷ 曲線を描いている

感情線がどのように伸びているかで、
感情表現のパターンがわかる

❶ 直線的なのは、感情表現もストレート

　感情線に乱れがなく直線なのは、**ストレートな感情表現をすることをあらわします。**正直なのはいいのですが、思っていることを率直に態度と言葉に出してしまうため、傷つけたり、誤解させたりすることが少なくありません。

　自分の言葉で相手を不快にさせるのですが、本人は気づかないことがほとんどで、なぜ相手の機嫌が悪いのかわかりません。言葉は使う前に、できるだけ考えたほうがよいでしょう。この線の場合、恋に関してもあまりムードを気にせず、早いテンポで展開します。

❷ カーブする線の人は、感情表現もソフト

　感情線が曲線なのは、**ソフトな感情表現をすることをあらわしています。**自分のなかにマイナスの感情があっても、できるだけそれを顔にあらわさないように心がけるので、対人関係も良好で、トラブルはほとんどありません。

　もの腰がやわらかく、言葉を大切に使うので、力のある人からも認められ、人生を切り開くときに大きく役立ちます。ただし、異性関係については、肝心なときにはっきりした態度をとるようにしないと誤解され、トラブルに巻き込まれかねないので気をつけてください。

❸ 直線から曲線になる相は、二面性の持ち主

　感情線が途中まで直線で急に曲線になるのは、**ストレートな面と、ソフトな面の両方をもつことをあらわします。**独特な魅力があり、多くの人を引き寄せますが、熱しやすく冷めやすい性格なので昨日は仲よかったのに、今日は知らんぷりするなど、気分によって人に接する態度を変える傾向があります。

　また、気に入らないことがあると激しく怒っておきながら、時間が過ぎると、何もなかったように振る舞って周囲を困惑させることも珍しくありません。気持ちをコントロールして、人間関係を大事にすることで信頼を築きましょう。

感
情
線

感情線の**終点**で
愛情表現パターンをみる

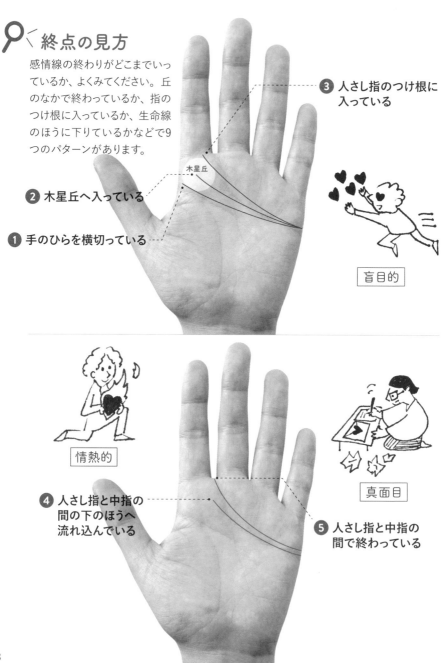

🔍 終点の見方

感情線の終わりがどこまでいっているか、よくみてください。丘のなかで終わっているか、指のつけ根に入っているか、生命線のほうに下りているかなどで9つのパターンがあります。

木星丘

③ 人さし指のつけ根に入っている

② 木星丘へ入っている

① 手のひらを横切っている

盲目的

情熱的

真面目

④ 人さし指と中指の間の下のほうへ流れ込んでいる

⑤ 人さし指と中指の間で終わっている

感情線がどこで終わるかで、
好きな人とのつきあい方がわかる

❶ 手のひらを横切るのは、独占欲が強い

愛情過多で独占欲がかなり強いため、嫉妬で暴走しがちです。 たとえば、つきあっている相手の行動をすべて把握していなければ気がすまず、納得できないことがあると責め立てる傾向があります。相手を信じることが、関係を長続きさせる秘訣です。

❷ 木星丘へ入るのは、堅実で控えめ

この相の人は**堅実でプライドが高く、じっくりと愛をはぐくみます。** 相手の社会的な評価を気にするため、条件の悪い人とはまずつきあわないのが、このタイプの人。その一方で、理想の相手を見つけたら、がんばるのでいい恋となります。ほとんどの場合、つきあい始めたら長く続きます。

❸ 人さし指のつけ根に入るのは、いちずなタイプ

いちずにひとりの人を愛する相です。 几帳面で冷静な人ですが、恋のことになると盲目的に燃え上がり、自分をコントロールできなくなります。相手を信用しすぎて、失敗することも多々あります。人からの忠告にも、耳を傾けて行動することが大事です。

❹ 人さし指と中指の下のほうへ向かうのは情熱的

一見クールに見えて、内面は情熱的なことをあらわす相です。 甘えるのが苦手で、相手に好意をうまく伝えることができないため、恋のチャンスを逃すこともあるでしょう。あまりあせらず、ゆっくりと関係を築いていってください。

❺ 人さし指と中指の間で終わるのは理想形

遊びの恋はせず、"恋愛＝結婚"と考える真面目な人です。 好きな人には徹底的に尽くします。恋愛において、大きな失敗もトラブルもまずないでしょう。人の好き嫌いはありますが、態度にあらわさないので周囲からの信頼も厚く、人の恋の相談にのるのも上手です。

次ページにつづく→

感情線の**終点**で **愛情表現パターン**をみる

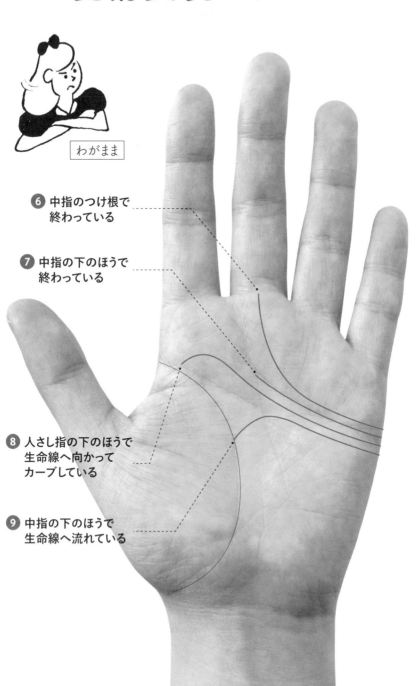

わがまま

6 中指のつけ根で
終わっている

7 中指の下のほうで
終わっている

8 人さし指の下のほうで
生命線へ向かって
カーブしている

9 中指の下のほうで
生命線へ流れている

6 中指のつけ根に入るのは、飽きっぽいタイプ

感情線が中指のつけ根へ流れ込むのは、**熱しやすく、冷めやすい典型的なタイプ**。恋愛に限らず、ふつうの対人関係でも急に親しくなり、すぐに離れるということを繰り返します。ひとめぼれすることも多く、あまりに積極的すぎてストーカーに間違われることもあるので、節度をもって関係を築くことを考えましょう。

飽きっぽい

7 中指の下のほうで終わる人は、情に流されない

中指の下のほうへいっているのは、**クールな性格をあらわします**。人に気持ちをあまり明かさず、自分のなかで処理しようとします。恋愛に対してものめり込むことがありませんが、そのクールなところが魅力となり、異性には人気があります。"心と体は別"と割り切り、異性との交渉をもてる遊び上手な面も。そのため、結婚せずに独身のまま過ごす人も少なくありません。

クール

8 人さし指下で生命線に向かうのは、困難な恋に走る

人さし指下で生命線へカーブするのは、**不倫などの障害のある恋に燃えることをあらわします**。自分の欲求のために突っ走りますが、相手を手に入れたとたんに冷めてしまうということも。安定した幸せには興味がなく、結婚後も浮気しやすく落ち着きません。長くつきあえる人とめぐりあえれば、運が上がります。

浮気性

9 中指の下で生命線へ向かうのは、わがまま

自己中心的で、我を通すような恋をする傾向があります。自分の考えが通らないと機嫌が悪くなり、相手が妥協しないと納得しません。つきあう相手を使用人のように扱ったり、お金を投資させたりすることも。若いうちは異性が寄ってきますが、歳をとると人が離れていきます。思いやりをもって、人とつきあうように心がけましょう。

感情線の**先端**で
恋愛パターンをみる

先端の見方

感情線の先端が2つ3つに分かれているときは、それぞれがどこへ向かっているかでみます。先端は細くなっているので、ペンでなぞってみるとよいでしょう。

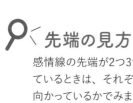

木星丘

❶ 木星丘と生命線・知能線の始点へ向かっている

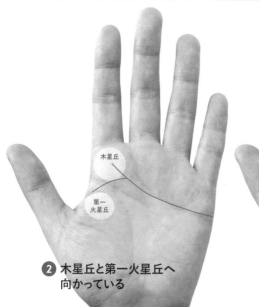

木星丘

第一火星丘

❷ 木星丘と第一火星丘へ向かっている

木星丘　土星丘

❸ 木星丘と土星丘へ向かっている

> 感情線の先端が流れていく方向から、
> 基本的な性格と恋愛のパターンを知る

❶ 木星丘と生命線・知能線の始点へ伸びるのは、愛情深い

愛情が深く、穏やかな性格であることをあらわします。 人を大事にし、控えめなのでだれからも好感をもたれます。

恋愛はとにかく相手を尊重して、自分ができることは協力するといった姿勢をもつので、関係が長続きし、信頼し合える関係になります。ほかの人に気をとられたり、浮気をしたりという異性関係のトラブルはほとんどないでしょう。客観的に自分をみることもできるので、恋しておぼれてまわりが見えなくなるようなこともありません。常に計算して冷静に行動することができます。

❷ 木星丘と第一火星丘へ向かうのは、飽きっぽい性分

熱しやすく冷めやすい性格の人です。 気分に浮き沈みがあり、初対面でもすぐ仲よくなれますが、急にイヤになり、遠ざかってしまうようなこともあります。

恋愛についても、つきあい始めのころだけはよくて、なかなか長続きしません。刺激を求めすぎるところがあり、関係が安定してしまうと、たとえどんなに条件のよい相手であっても、つまらなく感じてしまう傾向があります。ゆっくりと関係を深め合っていこうとする態度が必要です。心に余裕をもつようにすると、好転します。

❸ 木星丘と土星丘へ向かうのは、信心のあらわれ

人に影響されやすい純粋な性格の人に出やすい線で、とても珍しい相です。 この相の人は、何かいいことがあると神仏の導きと信じて、感謝します。恋愛でも宗教的な価値観の同じ人を求めます。

宗教や自己啓発セミナーなど、心を扱う場所での出会いの暗示もありますが、神仏に頼りすぎると、運命を切り開く力が弱くなるので気をつけてください。神仏は外に求めず、手相をみながら自分の内に探すようにすると、運気がアップします。

次ページにつづく→

感情線の**先端**で恋愛パターンをみる

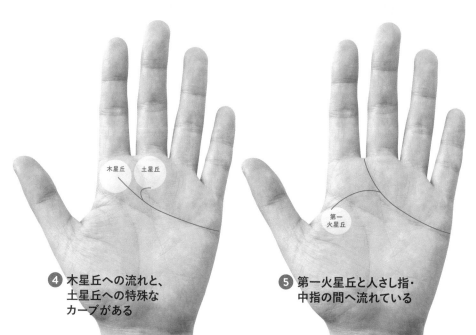

木星丘　土星丘

④ 木星丘への流れと、土星丘への特殊なカーブがある

第一火星丘

⑤ 第一火星丘と人さし指・中指の間へ流れている

木星丘

⑥ 木星丘でふた手に分かれている

⑦ 人さし指と中指の間で3つに分かれている

4 木星丘と土星丘へのカーブは、倫理観が薄い

倫理観が弱く、欲のために手段を選ばない相です。自己中心的で、かかわる人が被害をこうむりやすいでしょう。恋愛でも、三角関係など道ならぬ恋にはまり、トラブルが絶えません。

相手がすでに結婚している場合は、本気になる前に別れる決心を。なお恋は秘め事なので、たとえ不倫が表ざたになっても、絶対に認めないで通すことが大事です。

5 第一火星丘と人さし指・中指の間へ向かうのは、聡明な人

気持ちをコントロールできる聡明な人です。会話がウィットに富んでいて楽しく、人を飽きさせません。対人関係も良好で、広い人脈をつくるでしょう。コミュニケーション能力を生かしてチャンスをつかみ、仕事で大きな成果をあげます。

恋愛ではお互いのよさをほめ合い、和気あいあいの理想的なつきあいをしていきます。

6 木星丘でふた手に分かれるのは、正義感の強い人

真面目で、正義感があることをあらわします。正直者で悪いことをしないので、周囲からの信頼も厚いでしょう。恋愛面でも浮気はしないで、ひとりの人と決めてつきあいます。ただ、あまりにかたくなりすぎるところがあるため、それが相手からすると息が詰まると思われることもあります。リラックスした関係を築けるように心がけ、周囲をなごませましょう。

7 人さし指と中指の間で3つに分かれるのは、恋愛上手

魅力的な人で、恋愛上手であることをあらわします。会話がうまく、人の心の動きを敏感に察知し、相手を喜ばせる術も心得ています。性欲は強いほうで、セックスも積極的に奉仕するので相手を飽きさせません。多数の異性と遊び回ることはなく、好きになると自分からアプローチをして、誠実に愛をはぐくんでいきます。

恋愛上手

感情線に出る
アンラッキー・サイン

① まっすぐで乱れがないのは、さっぱりとした性格

支線などが出ておらず、乱れがないのは、**さっぱりとした性格で、こまかいことは気にしない性格であることをあらわします。**

その一方で、立ち振る舞いや言動がかたくなってしまいがちなので、笑顔を心がけるとよいでしょう。また、考えていることをそのまま口に出してしまうところがあり、周囲の人を傷つけてしまうことも。話す前に、言葉を選ぶようにしましょう。

② 「鎖状」なのは、コミュニケーションが苦手

島がいくつもつながっているかたちで感情線が鎖状になっている人は、**本心を表現せず、うわべだけで人とつきあうタイプであることをあらわします。**

対人関係はアバウトですが、変なところで神経質になり、取り越し苦労も多いでしょう。毎日の暮らしには不平不満を抱きやすく、イライラしがち。物事を前向きにとらえるように心がけましょう。

③ 「クネクネ」蛇行するのは、恋愛至上主義

恋愛すること自体が大好きで、ひとりの相手では満足できないことをあらわします。浮気っぽいため、常に異性関係のトラブルがつきまとう傾向があります。結婚しても、この傾向は続きそうです。

人生とは、鏡のようなものです。相手を傷つけると、自分の運気も下がることを肝に銘じ、一人ひとりのつきあいをもっと大切にしましょう。

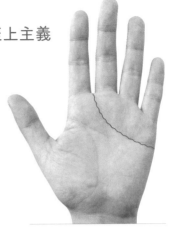

④ 「島」があるのは、恋愛で人生を左右される

感情線の途中に島があるのは、**異性関係が派手になったり、自分が希望するような関係にならなかったり、恋愛がうまくいきにくいことをあらわします。**

ただし、薬指の下に島ができている場合は、疲れから目が悪くなっていることを示すため、目の使いすぎに注意してください。右手に出ていれば左目、左手に出ていれば右目を特にケアしましょう。

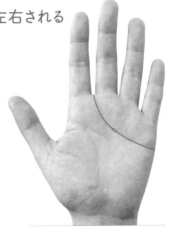

⑤ 支線が多いのは、感受性豊かでセクシー

感情線がすっきりと1本になっておらず、支線が多くて乱れているのは、**感受性が豊かなことをあらわします。言葉もやわらかく、性的な魅力に満ちています。**

でも、乱れすぎると三角関係や不倫などの異性問題を起こしやすい暗示となるので、自制心をもって生活するようにしましょう。例外で、手が薄い人の場合は、異性関係がまったくない意味になります。

基本の横三大線

基本の「横三大線」および「丘」の総復習です。
写真の手相をみて、質問に答えていきましょう。
解答を隠してあなたの実力を試してみてください。

AKさんの手相

プロフィール　女性、28歳。編集者。2人兄弟の長女で弟がいる。学生時代は演劇部。現在はダイエットや美容、趣味、読み物分野の本など幅広く担当。いまハマっているのは仏像。

Q1. ⓐの線の名称は?

Q2. ⓑの線の名称は?

Q3. ⓒの線の名称は?

Q4. ⓐとⓑの始点が離れているのはどんな性格?

Q5. ⓓの丘の名称は?

Q6. ⓔの丘の名称は?

Q7. ⓕの丘の名称は?

Q8. ⓐの線では何をみる?

Q9. ⓒの線が人さし指と中指の間に入っている人の恋愛タイプは?

Q10. ⓑの線が長い人の思考タイプは?

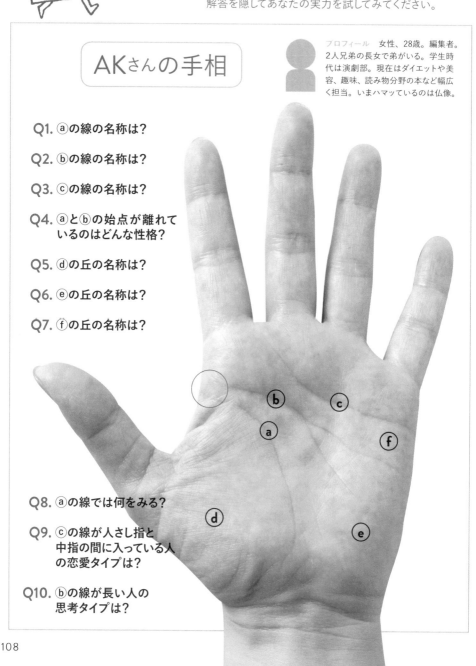

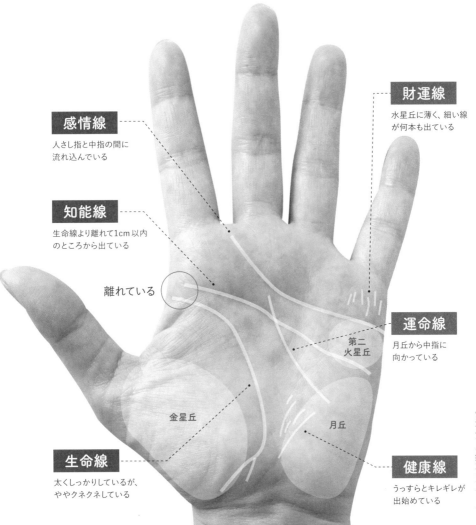

感情線
人さし指と中指の間に
流れ込んでいる

知能線
生命線より離れて1cm以内
のところから出ている

離れている

財運線
水星丘に薄く、細い線
が何本も出ている

運命線
月丘から中指に
向かっている

第二
火星丘

金星丘

月丘

生命線
太くしっかりしているが、
ややクネクネしている

健康線
うっすらとキレギレが
出始めている

宮沢みちの鑑定につづく→

総合運

生命線は太く出ているものの、ややクネクネと蛇行しているので、人生に変化が多いことをあらわします。運命線が月丘から中指に向かって出ているので、故郷を離れ、周囲の人気を得て開運することでしょう。親指が長く、特に第2節間が長いので、理屈が通らないことは納得しないといった真面目な性格をあらわします。

才能・仕事運

生命線と知能線の始点が離れているのは、大胆で行動的であり、フットワークが軽いことをあらわします。外国とも縁があり、情報を取り入れる能力にすぐれています。知能線は手のひらを左右に貫くほど長いので、じっくり物事を考えることを示しています。知能線は第二火星丘と月丘との間に流れているので、現実的な感覚で物事をそのままとらえる能力に長けています。

恋愛・結婚運

感情線が人さし指と中指の間に流れ込んでいるのは、好きな人に対して献身的に愛情を注ぐ性質です。女性の場合、結婚への理想が高く、また、経済的にも自立して生活ができてしまうので、結婚が遅くなる傾向があります。金星帯はほとんど出ていないので、性的なことには関心が薄いことをあらわします。

財運

水星丘に出ている薄く細い財運線は、稼いでもすぐに使ってしまうことを意味しており、また、いまの経済力には満足していないことをあらわします。財運線は額の多少にかかわらず、自分の収入に満足していればあらわれる線です。小指が薬指の第1関節よりも短いため、お金を稼ぐことに苦労することを暗示しています。

健康運

健康線はうっすらキレギレがつくられ始めています。これは忙しくてストレス多めな状況にあることを意味していて、ムリを重ねて疲れがたまりがちであることをあらわします。規則正しい生活を心がけ、食事に気をつければ改善されるでしょう。

縦三大線を
みる

次にみるのが、下から上に向かって伸びる縦の基本線「縦三大線」。「運命線」、「太陽線」、「財運線（水星線）」がそれで、いまを思いきり生きているか、成功するのか、お金に恵まれているのかなどを鑑定していきます。

1 運命線 運気・人生の充実度をみる------

運命線とは？

中指に向かっている線のこと。
始点はどこでも、中指のつけ
根に向かっているなら運命線

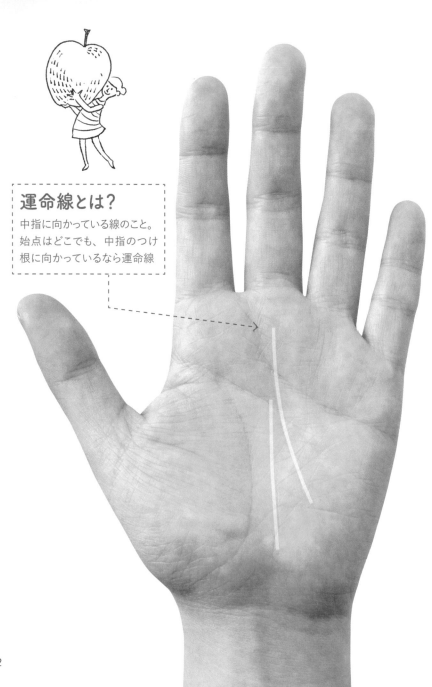

充実した人生を生きているかを反映

　運命線とは、中指に向かって流れている線のことです。手首側の真ん中から始まっても、小指側、親指側から始まっても、中指のつけ根に向かっているなら、すべて運命線となります。運命線は1本とは限らず、方々から何本か出ている場合もあり、長短もいろいろです。

　運命線は名前のとおり、自分の運命をどれだけ充実させて生きているかということをあらわします。手相では心以上に体がどう感じているかが反映されてくるので、体が今現在置かれている状態を「充実している」と判断すれば、運命線は濃く出ますし、体があまり充実しておらず、「もっとほかにやるべきことがあるはず」という場合には、線は薄くなります。

複数の線でできているときは変化を暗示

　運命がすんなりと平穏無事であれば、1本まっすぐに伸びますが、転居や転職などで環境が変わったりすれば、何本かの運命線が重なりをつくるようにして中指まで伸びていきます。

　運命線は横三大線とは異なり、だれにでも見られる相ではありません。特に、女性のなかでは、手の質感などからあらわれていない場合も多いのです。逆に女性で運命線がはっきりしている場合は、家にいると夫の運気を食べてしまう相なので、できるだけ社会に出てバリバリ働いたほうがよいでしょう。

運命線

┌── 運命線からわかること ──

▸ 自分の運命の充実度

▸ 転居や転職などの変化

▸ 成功のパターン

▸ 環境における実力の発揮度

▸ 財産の築き方

自分の線を
見つけよう!

運命線のタイプ
全リスト

「運命線」ページで解説する、手相の一覧表です。
ひととおり学習したあと、手相の線を見つけるときや、
知識の整理に活用してください。

始点 → 116ページ

**❶ 金星丘から始まり、
中指に向かう**

**❷ 第一火星丘から
始まり、中指に向かう**

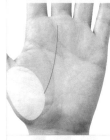

**❸ 金星丘と月丘の間から
始まり、中指に向かう**

**❹ 第二火星丘から
始まり、中指に向かう**

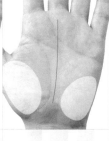

**❺ 月丘から始まり、
中指に向かう**

→ 118ページ

**❻ 火星平原から始まり、
中指に向かう**

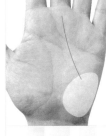

**❼ 生命線の上から
始まり、中指に向かう**

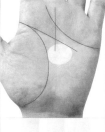

**❽ 知能線の上から
始まり、中指に向かう**

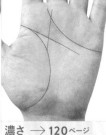

**❾ 感情線の上から
始まり、中指に向かう**

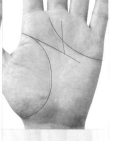

**❿ 手けい線の上から
始まり、中指に向かう**

濃さ → 120ページ

❶ はっきり濃く出ている

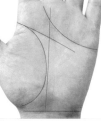

**❷ ふつうの濃さで
出ている**

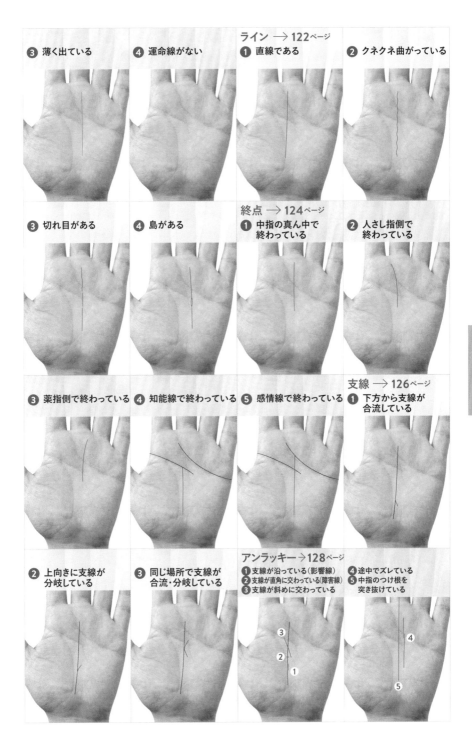

③ 薄く出ている

④ 運命線がない

ライン → 122ページ
① 直線である

② クネクネ曲がっている

③ 切れ目がある

④ 島がある

終点 → 124ページ
**① 中指の真ん中で
終わっている**

**② 人さし指側で
終わっている**

③ 薬指側で終わっている

④ 知能線で終わっている

⑤ 感情線で終わっている

支線 → 126ページ
**① 下方から支線が
合流している**

**② 上向きに支線が
分岐している**

**③ 同じ場所で支線が
合流・分岐している**

アンラッキー →128ページ
① 支線が沿っている（影響線）
② 支線が直角に交わっている（障害線）
③ 支線が斜めに交わっている

④ 途中でズレている
**⑤ 中指のつけ根を
突き抜けている**

運命線

115

運命線の**始点**で **成功運**をみる

 **始点の見方**

中指のつけ根に向かう線がど
こから始まっているかを確認し
ます。始点となる場所はだい
たい10カ所あります。

② 第一火星丘から始まり、
中指に向かっていく

④ 第二火星丘から始まり、
中指に向かっていく

第一
火星丘

第二
火星丘

① 金星丘から始まり、
中指に向かっていく

金星丘

⑤ 月丘から始まり、中指に
向かっていく

月丘

③ 金星丘と月丘の間から
始まり、中指に向かって
いく

❶ 金星丘から始まるのは、親兄弟の援助で運を開く

結婚後も家から離れないことをあらわしています。 一時的に離れても、最終的には実家に戻ります。金銭的には余裕がある相ですが、まれに苦労することも。親の面倒をみたり、お墓を継ぐ役割を担ったりすることになるでしょう。

❷ 第一火星丘からスタートするのは、野心家

不況で社会が混乱して不安定なときほど力を発揮できるタイプであることをあらわします。 もともと野心家で、時代の流れを読むことにも長けているため、経営や起業などの才もあれば、かなりの成功をおさめるでしょう。晩年になるほどさらによくなり、目標をもてば、たいていのことは実現します。

❸ 金星丘と月丘の間から出る人は、自力で開運する

人に頼らずに、自分で運を切り開くタイプの人です。 真面目で責任感が強く、人に借りをつくることが苦手です。器用で何でもできるので、だれかに任すことも苦手で発展しにくい傾向がありますが、それも人を受け入れることによって、より大きく開運します。

❹ 第二火星丘から出る人は、伴侶の援助で成功する

配偶者の援助で成功することをあらわします。 力のある配偶者をもつことで多くの人の協力を得られ、それが活力となっていきます。周囲に感謝し、謙虚さを忘れず人に尽くすことで、成功を維持していくことができます。

❺ 月丘から始まるのは、援助者に恵まれ、成功する

バックアップしてくれる人に恵まれ、実力以上の地位を手に入れます。 また、スター性があるので多くの人を引き寄せ、いつでも注目の的に。郷里を離れ、晩年は別の場所で生きることになります。世のため人のために活動することで、さらに開運することができます。

運命線

次ページにつづく→

117

運命線の**始点**で **成功運**をみる

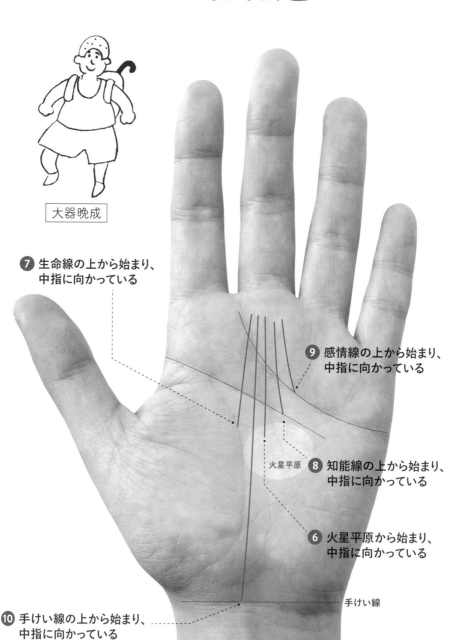

大器晚成

7 生命線の上から始まり、
中指に向かっている

9 感情線の上から始まり、
中指に向かっている

火星平原

8 知能線の上から始まり、
中指に向かっている

6 火星平原から始まり、
中指に向かっている

手けい線

10 手けい線の上から始まり、
中指に向かっている

⑥ 火星平原から出るのは、意志と忍耐で成功する

困難な状況から、強い意志と忍耐で成功をつかみとる相です。生まれた環境がよくないことが多く、苦労しますが、むしろ困難であるほど燃える性質なので、勝ち抜く強さを身につけていきます。周囲とも積極的にかかわるので、特に商売で財をなすでしょう。

⑦ 生命線の上から始まるのは、「大器晩成」型

地道な努力を重ね、晩年になって大きな成功をおさめるタイプです。若いうちはチャンスにのりにくいところがありますが、忍耐強く、試練にも耐え、希望をもってがんばります。いくつになってもかなりの勉強家で、探究心も旺盛です。いつも前向きで、自分の考えたことを実際に試してみようとするところがあり、研究者などによくみられる線です。

⑧ 知能線の上から出る人は、持ち前の才能で成功

それほど努力しなくても、天賦の才能で成功するタイプです。人からは「天才型」と言われますが、実際はかなりの努力家なのです。だれでも才能は磨けば磨くほど光るので、知能線の流れ込む方向をよくみて、得意な分野を知るとよいでしょう。本気で取り組めば、めざす道で第一人者になれます。

⑨ 感情線の上から出る人は、晩年、功績が認められる

地道な仕事で努力して、成功をおさめる相です。長い年月をかけて専門的な研究を進め、晩年になって多くの人に認められます。特に、自然を相手にする方面に進むと、いい評価を受けることになります。人柄もよく周囲から頼りにされる存在なので、日常生活はたいへん穏やかなものになります。

⑩ 手けい線から垂直に伸びる線は、信じる道を突き進む

他人は関係なく、自分が進みたい方向だけを見つめて歩む相です。粘り強く、集中力があり、ひとつのことを追求していくタイプ。得意なことを仕事に生かせば、社会的にも成功します。ただ、真面目で、そのうえ自分が何でも器用にこなせるため、人が思いどおりに動かないとストレスとなることが多いでしょう。

レッスン3
2
運命線

運命線の濃さで実力をみる

濃さの見方

中指のつけ根に向かう運命線がくっきりして、色も濃いのは「はっきり濃く出ている」、ふつうの色みなのは「ふつう」、あるかないかわからないくらいなのは「薄い」と判断します。なお、運命線はないこともあります。

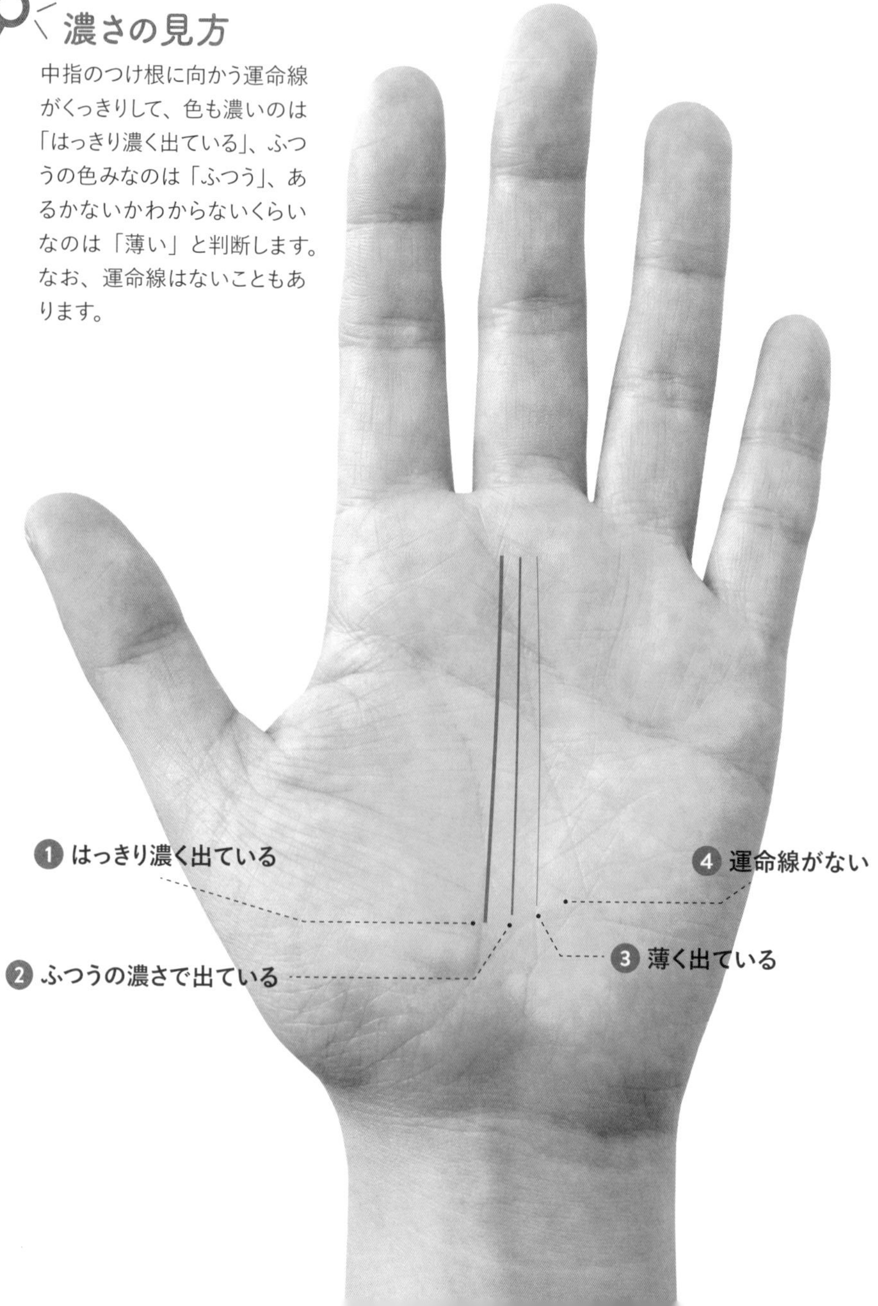

❶ はっきりした線は、能力を十分発揮している印

　体をよく動かし、集中している人ほど、運命線ははっきり出てきます。そういう意味で、肉体労働をする人などは特に強くあらわれます。**その環境においては余計なことを考えることなく、自分をそのまま通していくことができるので、いい状況といえます。**自分に対して絶対的な自信があるため、違う職場に移ってもまた新しい自分を発見し、よい環境を築いていくことができます。

❷ ふつうの濃さなら、環境にとけ込んでいる証拠

　運命線が適度な濃さなのは、**環境にうまくとけ込めていることをあらわします。**男性の場合はデスクワークでいい実績をあげ、我もそれほど強くなく、和を大切にするので対人関係も良好です。女性の場合は仕事をもって積極的に社会とかかわっていき、力を発揮します。逆にムリに家にいようとすると、精力があり余って夫の運をつぶしてしまうので外に出ましょう。

❸ 運命線が薄いのは、日々の充実感も薄い

　自分をとり巻く環境になじめていないことをあらわします。男性の場合はいまの仕事で自分の力を出しきれていないと感じて、転職を試みようとしますが、うまくいかずに落ち込みます。大切なのは、自信です。まずは勇気をもって行動を起こしましょう。女性の場合は運命線が薄いのは珍しくありません。家庭を重視して、働くといってもパートなど責任の軽い労働となります。

❹ 運命線がないのは、社会とのかかわりの薄さを意味

　家にいて、社会とのかかわりが少ないことをあらわします。男性の場合は決まった職業をもたず、自分で生計を立てることがむずかしく、引きこもりになりがちです。女性の場合も仕事への関心が薄く、専業主婦の人には運命線がないこともよくあります。ところが、社会的に何か役に立つことをしようという目標をもつと、運命線はしだいに出てきます。

運命線

運命線の**ライン**で
人生の流れをみる

🔍 ラインの見方

中指のつけ根に向かう運命線
の形には、大きく4つのパタ
ーンがあります。ほぼ「直線」
的に伸びる線、「クネクネ曲
がっている」線、主線がすっ
きりした1本になっていない
「切れ目」がある線、運命線
上に2～5㎜の楕円の「島」
がある、です。

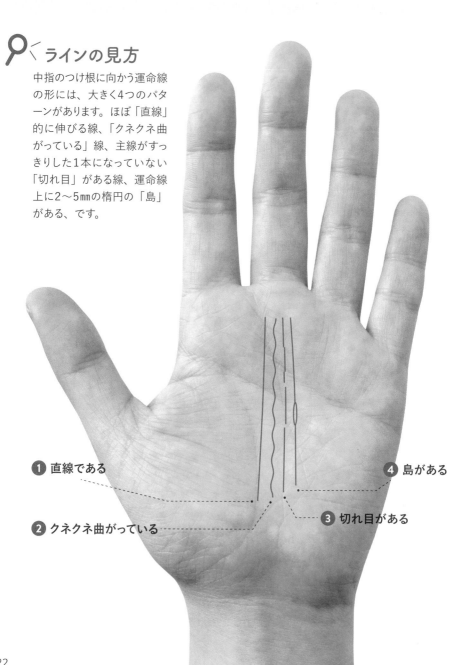

❶ 直線である

❷ クネクネ曲がっている

❹ 島がある

❸ 切れ目がある

> 運命線の形は、人生の流れそのもの。
> クネクネや切れ目は変化を象徴している

❶ 直線なのは、堅実な人生で晩年も安泰

自分のペースを守りながら、迷いなく人生を歩む相です。 自分がしたいことにチャレンジしていくため、後悔がありません。いったん自分の居場所を見つけると、そこに長くとどまることをあらわしており、住居も気に入ればずっと住み続け、仕事も気に入れば変わりません。危険なことにはかかわらず、何事も堅実に進めるため、晩年になるほど運気はよくなります。

❷ 「クネクネ」しているのは、波乱の人生を暗示

苦労が多い人生を歩む相です。 自分に対して自信をもちきれず、他人に影響されやすいので、いつも不安定な気持ちを抱いています。心がやさしいので、困っている人がいるとほうっておけず、ムリをしてまで手助けに奔走してしまうことで、よくない状況をつくってしまうこともあるでしょう。家庭や職場でトラブルが多いですが、まわりに期待しすぎなければ状況は改善されます。

❸ 「キレギレ」なのは、変化を好む人

何本かの短い線でつくられている運命線は、**変化を好み、1カ所に落ち着かない人生をあらわします。** 家や職場も変わりやすく、新しい環境に慣れるころ、また違ったものを見たくなったり、やりたくなったりします。地道にコツコツと継続することが苦手で、気分にもムラがあり、根気がありません。あと一歩のところでやめてしまうことがありますが、あきらめないで続けることが開運のポイントです。

❹ 運命線にある「島」は、人生の大スランプを暗示

運命線に島があるのは、**人生に大きく影響するような大きなスランプが、島のある流年の間だけ起こることをあらわします。** 島がこまかく出ているのは、そのつど違う悩みをもつことをあらわします。気の弱さから問題を引き寄せてしまっている傾向があるため、強い心をもつように努めていると、線の島もしだいになくなっていきます。

運命線の**終点**で **財産運**をみる

終点の見方

中指のつけ根に向かう線は、感情線や知能線あたりで止まっていても運命線と考えます。また、中指のつけ根でも人さし指寄りで終わっているか薬指寄りかなどによっても意味が変わります。

❶ 中指の真ん中で 終わっている

大金を回す

❷ 人さし指側で 終わっている

❸ 薬指側で終わっている

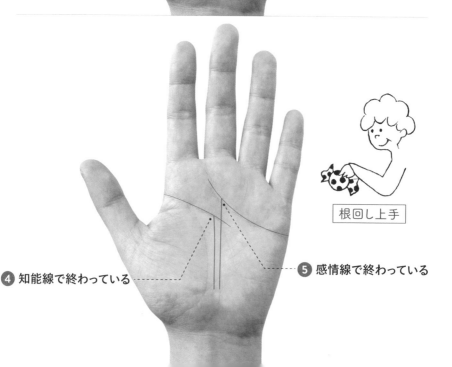

根回し上手

❹ 知能線で終わっている

❺ 感情線で終わっている

運命線の終わり方で、
社会的地位や財産の築き方を知る

1 中指の真ん中で終わるのは、成功するが財運は薄い

親兄弟に束縛されず、他人にも左右されない自由な人生を送る相です。目標を決め、自分で努力して成功をおさめますが、財運には恵まれにくい傾向があります。終点が中指のつけ根の線まで伸びていれば、生涯現役となります。

2 人さし指側で終わるのは、「信用」が財産の人

人のめぐりがよく、社会的信用を得て開運します。人から高い評価を受け、名誉を得られることが何よりの価値だと思えるタイプの人です。お金を稼ぐことには関心がなく、そばにお金の管理をしてくれる人がいないと、財産がそれほど残らないので注意を。

3 薬指側で終わる相は、派手に大金を動かす

家や土地など不動産を子孫に残すため、努力をする人生を送ります。先祖からの財産を守って、伝えていく場合もあります。お金を稼ぐのも得意ですが、浪費するのも好きで、大金を回していきます。

4 知能線で終わるのは、才能を生かして稼ぐ人

知能線で終わっている運命線は、**才能を生かして人生を切り開くことをあらわしています。**まっすぐな線で乱れがなければ、経済的にも安定して、能力にいっそう磨きをかけ、周囲にも恩恵を与えます。島があったり、乱れていると、散財の危険があるので慎重に行動を。

5 感情線で終わる人は、綿密な根回しで地位を築く

仕事に全精力を傾けて、社会的な成功をおさめる相。根回しも上手で、スキがなく、着実に地位や名誉を手に入れます。ただ、お金にはそれほど関心がないので、財はほどほどに残す程度でしょう。感情線がよくないと愛人にみついだり、だまされたり、金銭問題を抱えたり、うまくいきません。

運命線の**支線**で
人生の転換期をみる

🔍 支線の見方

運命線は下から中指に向かうと
考えるので、下方から運命線に
つく線は「合流」とみます。一
方、主線から支線が上に向か
いV字になるのは「分岐」と考
えます。

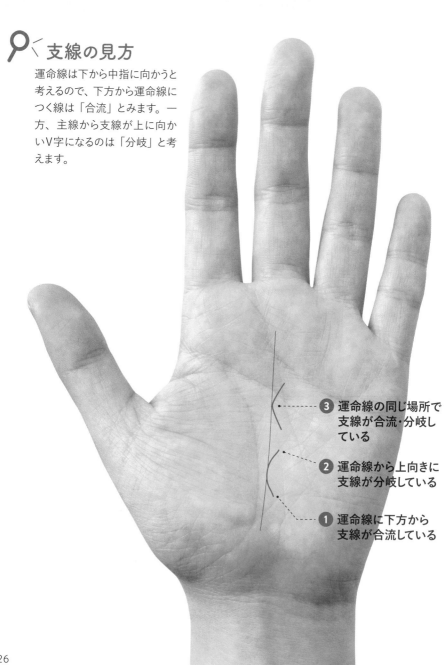

❸ 運命線の同じ場所で
支線が合流・分岐し
ている

❷ 運命線から上向きに
支線が分岐している

❶ 運命線に下方から
支線が合流している

運命線に支線が合流・分岐する地点で、
運命の人との出会いや大開運の時期がわかる

❶ 運命線に支線が合流しているのは、支援者に恵まれる

自分を支援してくれる人に出会えることをあらわしています。 出会う年齢は、運命線の流年法（→130ページ）でだいたいその支線が始まるあたりになります。運命線に支線が合流したころが運気も頂点に達している時期なので、運命の人との関係も密接になります。

　運命線が太くはっきりしていれば、出会った人が力となって、大開運していきます。このとき、運命線は長さがなく、短くても関係ありません。ここの支線はかなり細いのでわかりにくいですが、慣れれば自然とみられるようになります。

❷ 運命線から支線が分岐しているのは、大開運の兆し

分岐する地点の流年の歳に大きな転機となることが起こり、そこから大開運することをあらわします。 線の長さが長いほど、幸運期は続いていきます。

　この支線は、太さや濃さがよく変わります。太い支線であれば、その流年の歳に大開運します。たとえ短く細い支線であっても、開運はします。そして、さらに努力をすれば、支線がどんどん太く濃くなり、大きな開運へとなっていきます。生命線の開運線（→182ページ）とも時期が重なっていれば、それはより確実なものになります。

❸ 同じ場所で支線が合流・分岐しているのは、開運の印

運命的な人に出会って、その運命線と合流・分岐した流年の歳によいことが起こり、そのまま開運していく流れをあらわしています。 自分がそれほどがんばらなくても、自然と道が開けていきます。

　開運している状態のときには、特に線そのものの色がよく、はっきりと出てきて、ときには支線といっても運命線と同じくらいの濃さで出ていることもあります。このような線の出方は、運命線の1カ所だけでなく、何カ所かに見られることもあり、そのつど開運を重ねていくでしょう。

運命線

運命線に出る
アンラッキー・サイン

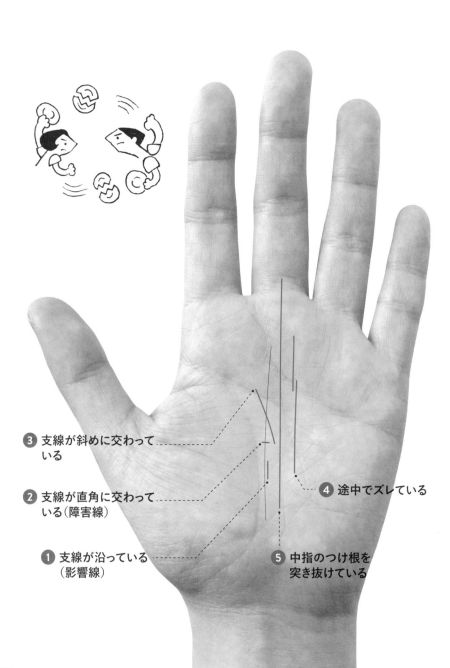

❸ 支線が斜めに交わって
いる

❷ 支線が直角に交わって
いる（障害線）

❶ 支線が沿っている
（影響線）

❹ 途中でズレている

❺ 中指のつけ根を
突き抜けている

① 支線が運命線に沿っているのは、関係の終わりを暗示

　運命線に支線が合流しそうでせずに沿っている場合は、**自分に強い影響を与えるような運命の人に出会いながらも、最終的には結ばれないことを**あらわします。流年法（→130ページ）でみると、支線の終わったあたりが、関係の切れる年齢になります。

② 支線が直角に横切っているのは、トラブルを予告

　運命線に直角に交わっている支線のことを障害線（→184ページ）と呼びます。運命線にこの障害線が出ていると、**その流年の歳に人生を左右するような大きなトラブルが発生することを示します。**障害線が濃くはっきりしているほど、深刻なトラブルになります。線に気づいたら、注意深く行動するようにしましょう。

③ 支線が斜めに横切っているのは、別れの暗示

　支線が運命線を突き抜けて反対側までいってしまうのは、**運命の人だと思っていた人との別れや、信じていた人に裏切られる暗示です。**つらい出来事になりますが、恨みをもち続けると運気ダウンとなるので、何か好きなことに打ち込むのがよいでしょう。

④ 途中でズレているのは、ひとつひとつの運命としてみる

　運命線が途中でズレて見えるものは1本の運命線がズレたと考えず、もう1本の運命線とみなし、**ズレている流年の歳に、人生に変化が訪れることを示します。**右手に出ていれば住居や仕事に関する変化、左手に出ていれば考え方や情緒に関する変化があるでしょう。

⑤ 中指のつけ根を抜けるのは、吉凶を味わう人生を意味

　吉凶入り交じった人生を暗示しています。豊臣秀吉がこの相といわれ、華やかに見えても生活には穏やかさがなく、悩みも多くなります。晩年は孤独になり、死を選ぶ人もいます。でも、家族や友人を大切にするようにすれば、状況は改善され、難を逃れることができます。

運命線で人生の転換期をみよう。多様な線があるので柔軟な鑑定を

手首側が若く、中指のつけ根は100歳と考える

運命線は生命線と同様に、「流年法」を使って、人生の変化の時期を知ることができます。運命線は手首側から上に向かって伸びていくので、年齢も手首側が若く、上にいくほど歳を重ねるとみます。中指のつけ根は100歳で、最終点であると考えます。

流年法は、運命線が手けい線側からまっすぐ中指に向かっていることを基準に考えます。手のひらの真ん中を30歳とし、さらにそのまた半分を21歳、56歳というふうに、等分しながらみていきます。

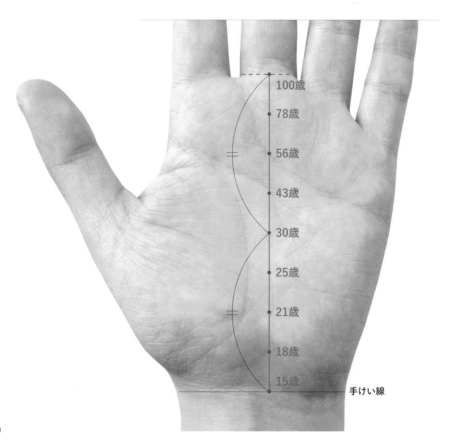

- 100歳
- 78歳
- 56歳
- 43歳
- 30歳
- 25歳
- 21歳
- 18歳
- 15歳

手けい線

コンパスで円を描く要領で流年を当てはめる

運命線が手けい線側から始まり、まっすぐに伸びる線になっているときは、このまま手にある運命線に当てはめていきます。ただ、金星丘や月丘などから出て、斜めに入っている線も多いので、このようなときには、基準の線の中指つけ根の真ん中を中心にして、コンパスで円を描くときの要領で基準線をずらしながら、運命線の起点や終点、合流点、分岐点などを流年に当てはめてみていきます。

線の長さも長いときばかりではありません。それもこの方法で、線をずらしながら、みていきます。必ずしも中指下の土星丘まで完全に入っていない運命線でも、中指に向かっているものはすべて運命線ですので、柔軟に対応してください。

環境の変化の多い人は、多くの運命が交差しているということなので、運命線が数本出てきます。ひとつひとつ検証しながら、いつ運命が動くのかを知るとよいでしょう。生命線と運命線は連動しているので、両方を合わせてみると、より確実な鑑定をすることができます。

こんな線 は こんな意味

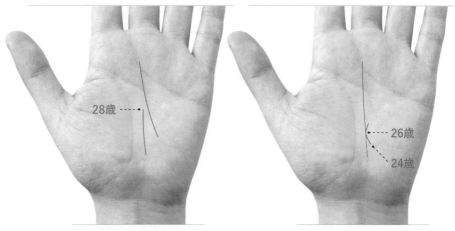

運命線が複数あるのは
その切れ目が転機

手けい線のほうから伸びる運命線は、手のひらの真ん中、28歳くらいの地点で途切れているので、転機が訪れることを予告しています。重なるように伸びる運命線は、人の力を借りて運がアップすることを示します。

運命線への合流と分岐は
出会いと結婚を示す

運命線への合流と分岐は、ほとんど合流が結婚、分岐はその後のよい結婚生活となります。この例では、24歳のころによいパートナーに出会い、運命線に合流する26歳で結婚。その結婚はとてもよいものとなることをあらわします。

太陽線とは?
薬指に向かって上方に
伸びる線のこと

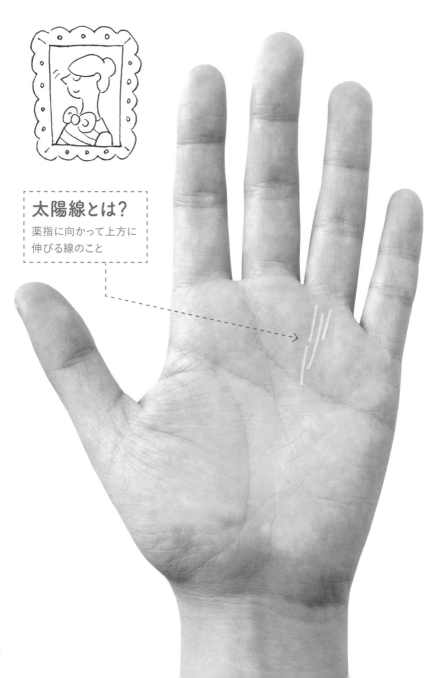

社会的成功や人気、名声の有無をあらわす

　薬指に向かって上方に伸びる線を太陽線といいます。**太陽線は、名前のとおり、人生での輝きを約束する線であり、社会的成功、人気、名声などをあらわします。成功することでお金の回りもよくなるので、金運のよさも意味します。**太陽線は本人の感じ方で出るので、成功していても本人がそう感じていなければ出ないこともあります。

　この線は、いろいろな方向からスタートしており、スタート地点によって成功する分野や内容が決まってきます。長さも金星丘や月丘からずっと長く伸びるようなものもあれば、短い線が太陽丘のみにあらわれるものまでさまざまです。

太陽線は、"あるだけでラッキー"な線

　太陽線は、だれにでもある線ではなく、長さや濃さに関係なく、「あるだけでラッキー」と思ったほうがよいでしょう。特に女性には手の質からいって出にくい線なので、なくてもがっかりする必要はありません。また、太陽線は変化しやすい線のひとつですので、あとから出てくることもあります。

　太陽線も、努力を怠ったり、傲慢になったりすると、太陽線上に水平に交わる細い線（障害線）が出ることがあり、いまある成功に陰りが出ます。常に、前進する気持ちを大切にし、太陽のように周囲を照らすような心持ちでいることで、きれいな太陽線が維持できます。

太陽線

```
┌─── 太陽線からわかること
│
│  ▷ どんな分野で成功するか
│  ▷ どんな才能があるか
│  ▷ いつ開運するか
│  ▷ 金運
│  ▷ 支援者の有無
```

太陽線の**始点**で
成功パターンをみる

🔍 始点の見方

手のひらのどこにある線でも
薬指のほうに向かう線は太陽
線と考えます。

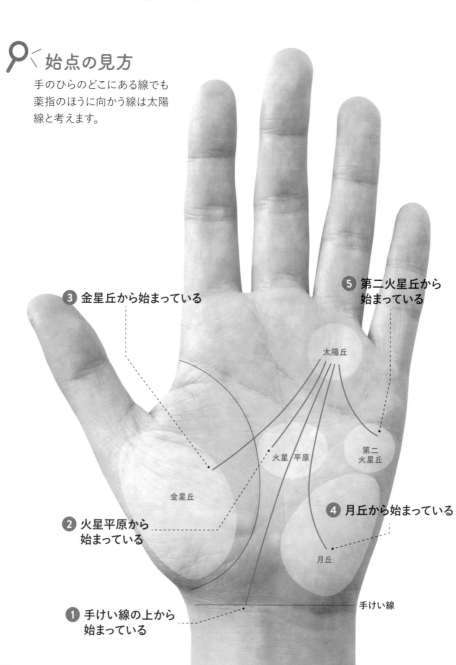

③ 金星丘から始まっている

**⑤ 第二火星丘から
始まっている**

太陽丘

火星 平原

第二
火星丘

金星丘

④ 月丘から始まっている

**② 火星平原から
始まっている**

月丘

**① 手けい線の上から
始まっている**

手けい線

太陽線の始点をみれば、成功の方法や
富に恵まれるかどうかがわかる

1 手けい線の上から始まるのは、才能を生かして成功

　自分の才能を十分に発揮して、成功する相です。 若いうちは苦労も多い
ですが、それがかえって独立心を育てることになり、20代から才能を発揮し
ていきます。太陽線が濃くはっきり出ていれば、より確実なものとなります。
特に、芸術や実業といった分野で活躍します。

2 火星平原から出ている人は、努力で成功をつかむ

　本人の努力によって成功していく人です。 負けず嫌いで、どんな困難にも
打ち勝つ強さがあり、勇気をもって自分の信じた道を進みます。人がまだや
ったことがない分野を開拓していくでしょう。名声を得てお金も自然と入って
きて、晩年になるほど充実した生活を送れます。

3 金星丘から始まる人は、芸術的才能がある

　**創造力があり、美術や文学の分野で実力を発揮して、バイタリティーにあ
ふれた作品を手がけていきます。** 特に、性的なものを題材にした作品で、幅
広い支持を得られます。芸術の分野の仕事をしなくても、絵を描くことや文
章を書くことを趣味にすると、自分のよさを引き出すことができます。

4 月丘から出ているのは、生まれつきスターの相

　**大衆から多くの人気を得られ、周囲からの援助もあって、有名人になる
相です。** 交友関係も広く、生来遊び好きなので楽しい日々を送ります。直
線的な線の場合は第三者から援助を受けて幸運をつかみ、曲線的な場合
は賭け事に熱中しやすい面もありますが、稼ぐ力もあるのでそれほど心配
はいりません。

5 第二火星丘から出ていると、着実に財を築く

　**忍耐力と持久力があり、性格的にも誠実なことから周囲の信頼を得られ、確
実に財を築いていきます。** 小さな資本から始めても、大きなもうけを得ること
になるでしょう。特に接客が上手で、商売で才能を発揮します。地元の人を
相手にした自営業から始めて、多角経営していくのもおすすめです。

太陽線

次ページにつづく→

太陽線の**始点**で **成功パターン**をみる

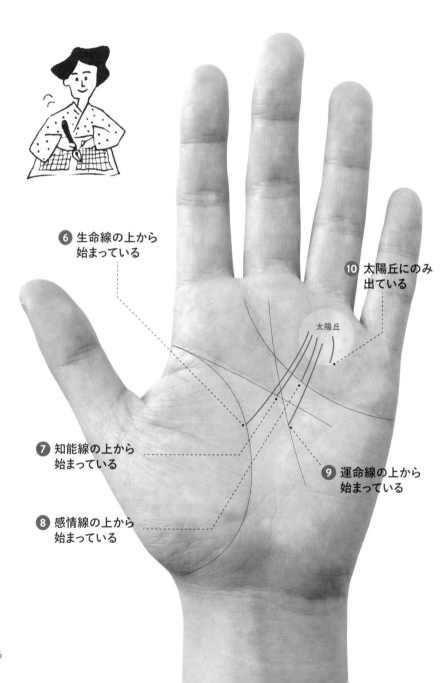

6 生命線の上から 始まっている

10 太陽丘にのみ 出ている

太陽丘

7 知能線の上から 始まっている

9 運命線の上から 始まっている

8 感情線の上から 始まっている

⑥ 生命線の上から出ている人は、文才で成功

地道な努力が認められ、名誉を手にする相です。 文才があり、論文や芸術作品が賞を受けて、それがきっかけとなり、やや遅くなってデビューする可能性もあります。責任感が強く、自分の才能を開花させるというより家庭を優先するため、仕事をしながら才能を磨くことがほとんど。経済的にはゆとりがあり、家庭は穏やかです。一致団結する家族となります。

⑦ 知能線の上から出ている人は、専門職で名声を手に

才能を生かして名声を得られる相です。 頭脳明晰で社交的、かなりやり手なので、時代の波にうまく乗ることができます。音楽や美術にくわしく、話題豊富なので人を飽きさせません。集中力があり、研究熱心なので専門職につくとよく、評論家としても評価を受けそうです。

⑧ 感情線の上から出ている人は、組織で実力発揮

この相は官庁、会社など組織に属して、地道に実績を残すことをあらわします。 配偶者にも恵まれ、結婚したときから運気が安定します。特に50歳を過ぎてから開運し始めて、人生観も人間関係も大きく変わります。新しい趣味も増えて、充実した中年、晩年を送るでしょう。仕事では技術職、研究職で成果を上げることができます。

⑨ 運命線の上から出ている人は、分岐の歳に開運

太陽線が出ている流年 (→130ページ) **の歳から開運することをあらわします。** 結婚や独立、会社勤めであれば、昇進といった喜びごとが訪れます。それが人生の転機でもあり、富と名声を手にすることができるでしょう。線がはっきりしているほど、成功度も大きくなります。

⑩ 太陽丘に出ているのは、安定志向で堅実な人

日々の生活を第一に考えて、小さなことに幸せを感じながら生きるタイプ。 この線をもつ人のほとんどが、会社勤めをして安定した収入を得て、計画を立てて人生を送ります。平凡でもあたたかく幸せな家庭を築くでしょう。何か問題が起きても、前向きに解決していける人でもあります。

水星線

商才・コミュニケーション能力が高い

　生命線上または月丘、火星平原などから小指下の水星丘に向かって伸びる縦線のことを、「水星線」といいます。**水星線は、他者とかかわりながら発展できることをあらわします。**

　長い水星線は出ない人が多いですが、もし出ているときには、よいパートナーと出会える、子孫を繁栄していける、経済的に安定するという力をもつ特別な線です。また、コミュニケーション能力にすぐれ、会話がうまく、外国語を習得する才能にも長けています。人とものを上手に動かす商才に恵まれ、大金を手にする力があります。

　水星線のなかでも、水星丘のみに出るのは「財運線」と呼び、短期的なスパンで現在の経済状況をあらわしています。

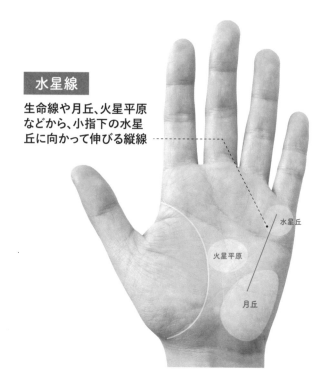

水星線

生命線や月丘、火星平原などから、小指下の水星丘に向かって伸びる縦線

水星丘

火星平原

月丘

直感線の見分け方

月丘に出る水星線に似た直感線は終点で区別

水星線のように月丘にあらわれるものに、「直感線」という線があります。直感線は手けい線側から月丘を包むようにカーブし、月丘の上部へと流れていきます。水星線が水星丘に向かうのに対し、直感線は月丘の上部へ流れます。

直感線は生命線と対照的で、生命線が生の象徴で肉体のエネルギーの状況をあらわすのに対し、**直感線は死の象徴で、目に見えない第六感を感じられるエネルギーをあらわします。**

直感線がはっきり出ているほど感性が鋭く、感性を生かせるような仕事が向いています。たとえば、芸術家や作家、宗教家、事業家、占い師、カウンセラーなどの職につくと、才能を発揮することができるでしょう。

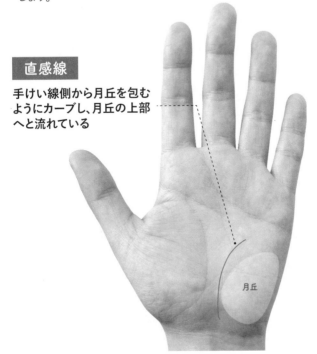

直感線

手けい線側から月丘を包むようにカーブし、月丘の上部へと流れている

月丘

3 財運線 金運をみる

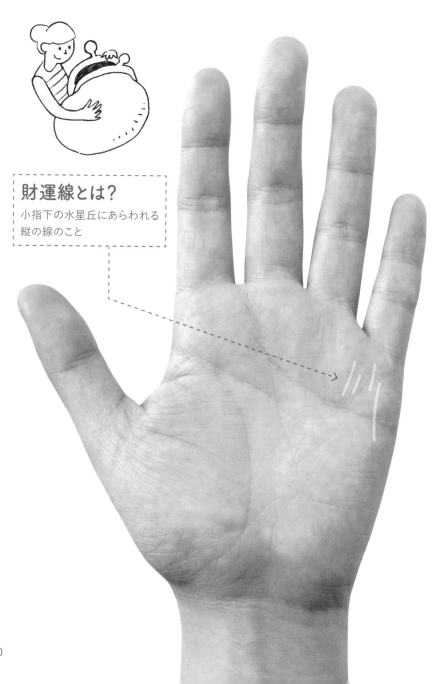

財運線とは？

小指下の水星丘にあらわれる
縦の線のこと

収入に対する満足度が形状にあらわれる

　財運線は、小指下の水星丘にあらわれる縦の線のことです。水星線の一種であり、特に水星丘にあらわれて、現在の経済状態や金運によって変化をしていきます。

　財運線は縦に1本まっすぐ入っているのがふつうですが、その人の収入の形態によって、その本数も変わってきます。本数が多いほど収入の口が多いことになります。

　また、経済状態がよければ、はっきりとした線が出ますが、収入が少なかったり、浪費をしていたりすると、薄くなったり、切れたりしてはっきりしない線となります。財運線が薄いときは、ギャンブルやクジなどは負けるので、やらないほうがよいでしょう。

お金を使うべきか、貯蓄すべきかなどもわかる

　すでに成功してお金に余裕がある人でも、財運線が出ていない場合があります。財運線はお金のあるなしではなく、本人の満足度をあらわすものなので、本人が「まだまだ自分のお金はこんなものではない」と満足していないうちは、財運線は出てきません。

　財運線は現在の状態をあらわすため、手相のなかでもよく変化する線でもあります。財運線をよくチェックしていれば、いま、お金を使っていいときなのか、貯蓄すべきか、あるいはどのようにしたらお金に恵まれるのかを知ることができます。

```
┌─ 財運線からわかること ─┐
│  ▶ 現在の経済状態         │
│  ▶ 収入の口の多少         │
│  ▶ 財産運の強弱           │
│  ▶ 経済観念の有無         │
│  ▶ お金の使い方           │
└                          ┘
```

財運線

財運線の**ライン**で **経済状態**をみる

❶ まっすぐはっきりしているのは、豊かな印

はっきりした財運線は、**現在お金に恵まれている印**。貯蓄を始めるのによく、少しずつ貯めてあとで大きな財となります。お金があっても、まだ自分はもっと大きなお金を得られると感じている場合は、財運線は出てきません。財運線が薄いとお金が入ってもすぐ使ってしまう傾向にあります。

❷ 「クネクネ」しているのはお金に困っている

財運線がクネクネと曲がっているのは、**現在、お金を稼ぐのに苦労している印**。仕事をしても評価が得られず、収入につながりません。仕事をかけもちしたり、リストラの危機を感じたり、緊張感のなかで仕事をしています。あせらずに努力をすれば、しだいに安定するでしょう。

❸ 「キレギレ」の線は、お金を浪費する暗示

財運線がキレギレなのは、**お金が入ってきてもすぐ出ていってしまう相**。収入以上に支出が多いので、貯蓄ができません。お金がないのをわかっていても、衝動買いやギャンブルなどで浪費してしまうため、カードは持ち歩かない、お財布には最低限の現金しか入れないなど、工夫して消費を控えて。

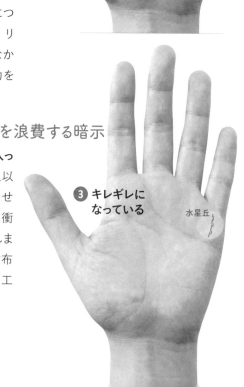

❶ まっすぐで、はっきりしている

❷ クネクネ曲がっている

水星丘

❸ キレギレになっている

水星丘

大金持ちになれる相

❶ 太陽丘と水星丘の間の直線は、財産運最強の印

　　親の財産や養子に入った先の家の遺産を受け継ぐ縁をもちます。お金を使うのが好きで、ほしいものはすぐに手に入れますが、それで生活が困ることはありません。クジ運やギャンブル運もよく、大金を得ることも。常にどこからかお金が入ってきて、豊かな生活を送ります。

❷ 金星丘から伸びる財運線は、大きな遺産を得る

　　大きな遺産が入ることをあらわしています。長男や長女に出やすい特殊な線で、二男や二女でも家の財産を継ぐ場合には出てきます。はっきりと長く出ていればかなりの遺産を受け継ぎ、それを守る役割になり、途中キレギレになっている場合は、遺産の額が少ないことを意味します。

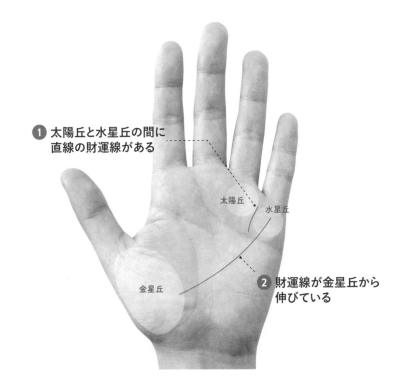

❶ 太陽丘と水星丘の間に
　直線の財運線がある

太陽丘　水星丘

金星丘

❷ 財運線が金星丘から
　伸びている

基本の縦三大線

基本の「縦三大線」の総復習です。写真の手相をみて、質問に答えていきましょう。解答を隠してあなたの実力を試してみてください。

○Wさんの手相

プロフィール　男性、41歳。医師。2人兄弟の次男。現在、妻、男の子3人の5人家族。Jリーグの地元チームのファンで、自分でもフットサルをしている。いま特にハマッているのはマラソン。

Q1. ⓐの線の名称は？

Q2. ⓑの線の名称は？

Q3. ⓒの線の名称は？

Q4. ⓓの線の名称は？

Q5. ⓔの線の名称は？

Q6. ⓕの丘の名称は？

Q7. ⓖの丘の名称は？

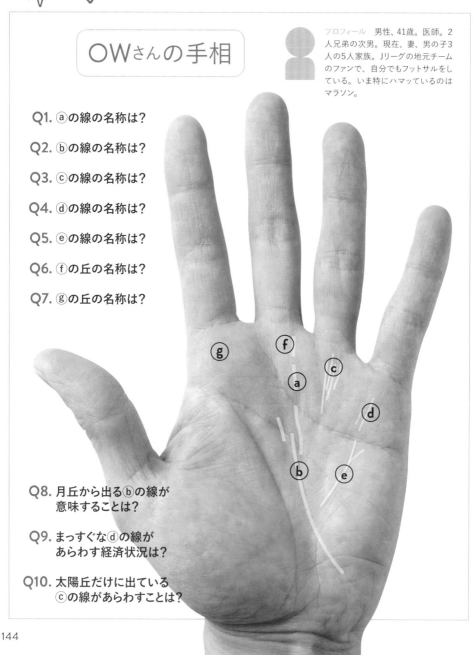

Q8. 月丘から出るⓑの線が意味することは？

Q9. まっすぐなⓓの線があらわす経済状況は？

Q10. 太陽丘だけに出ているⓒの線があらわすことは？

A1. 運命線

A2. 運命線

A3. 太陽線

A4. 財運線（水星線）

A5. 水星線

A6. 土星丘

A7. 木星丘

A8. 人から引き立てを受け、成功するということ。

A9. 現在お金に恵まれていることをあらわす。

A10. 日々の生活を大切にし、小さなことに幸せを
感じながら生きる。家庭もあたたかく円満。

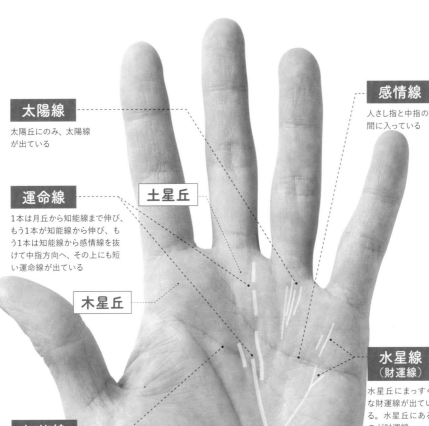

太陽線

太陽丘にのみ、太陽線
が出ている

感情線

人さし指と中指の
間に入っている

運命線

1本は月丘から知能線まで伸び、
もう1本が知能線から伸び、も
う1本は知能線から感情線を抜
けて中指方向へ、その上にも短
い運命線が出ている

土星丘

木星丘

水星線
（財運線）

水星丘にまっすぐ
な財運線が出てい
る。水星丘にある
のが財運線

知能線

長くてまっすぐに
伸びている

生命線

はっきりしていて張り出しが大きい

宮沢みちの鑑定につづく→

145

ズバリ！ 宮沢みちの鑑定

総合運

才能・仕事運

恋愛・結婚運

財運

健康運

　生命線のカーブが張り出しているのは、生命エネルギーが強く、人のために動き回っていることをあらわします。指は長く、器用でこまかい作業が得意であり、ていねいに仕事をこなします。小指が薬指の第1関節より長いので、コミュニケーション能力の高さがわかり、多くの人とかかわり役に立ちます。

　長くまっすぐな知能線は思考力を示していて、ひとつの問題に対していくつもの答えを考える力があります。運命線は月丘から中指下に向かっています。これは、人からの引き立てを受けて成功することを示します。知能線のあたりから左側にも1本、右側にも重なるようにもう1本が始まり感情線まで伸びています。運命線が重なる部分には、人生の転機があります。

　感情線が人さし指と中指の間に入っているのは、愛情表現の仕方が自然であり、妻や子どもを大切に守っていくことをあらわします。感情線がカーブを描くのは、会話の表現がソフトであることを示し、ケンカもほとんどないでしょう。

　商才やコミュニケーション能力を示す水星線が縦に入り、水星丘にも財運線がまっすぐはっきり出ているので、お金は順調に入ってきます。小指も長いので、経営などをする才覚もあり、事業を順調に進めていくことができるでしょう。手の厚みもたっぷりあるので、お金に困ることはまずありません。

　生命線がはっきりしていて張り出しが大きいので、パワフルで、健康体です。ただ、生命線の最後が手首側に下りているのは、ムリをしていったん健康を害すると、治るまでに時間がかかることをあらわしているので、気をつけなければいけません。

レッスン 4

そのほかの
大切な線を
みる

基本の「横三大線」、「縦三大線」の次は、その
ほかの「大切な線」を学びます。運命的なパート
ナーや、強力なサポーターとの出会いを予告する
恋愛線や影響線など、こまかい線にも人生を歩む
うえで知っておきたい情報が詰まっています。

影響線 恋人の出現を予告

 影響線の見方

生命線の親指側5mmくらいま
での部分に出る細い線を、影
響線と呼びます。人とのかか
わりをあらわし、恋愛や結婚
について判断するときに参考
にするとよいでしょう。生命線
だけでなく運命線にも入ります。

―― 影響線からわかること ――
▸ 好きな人があらわれるか
▸ 恋愛・結婚の行方
▸ 恋人と結婚できるのか

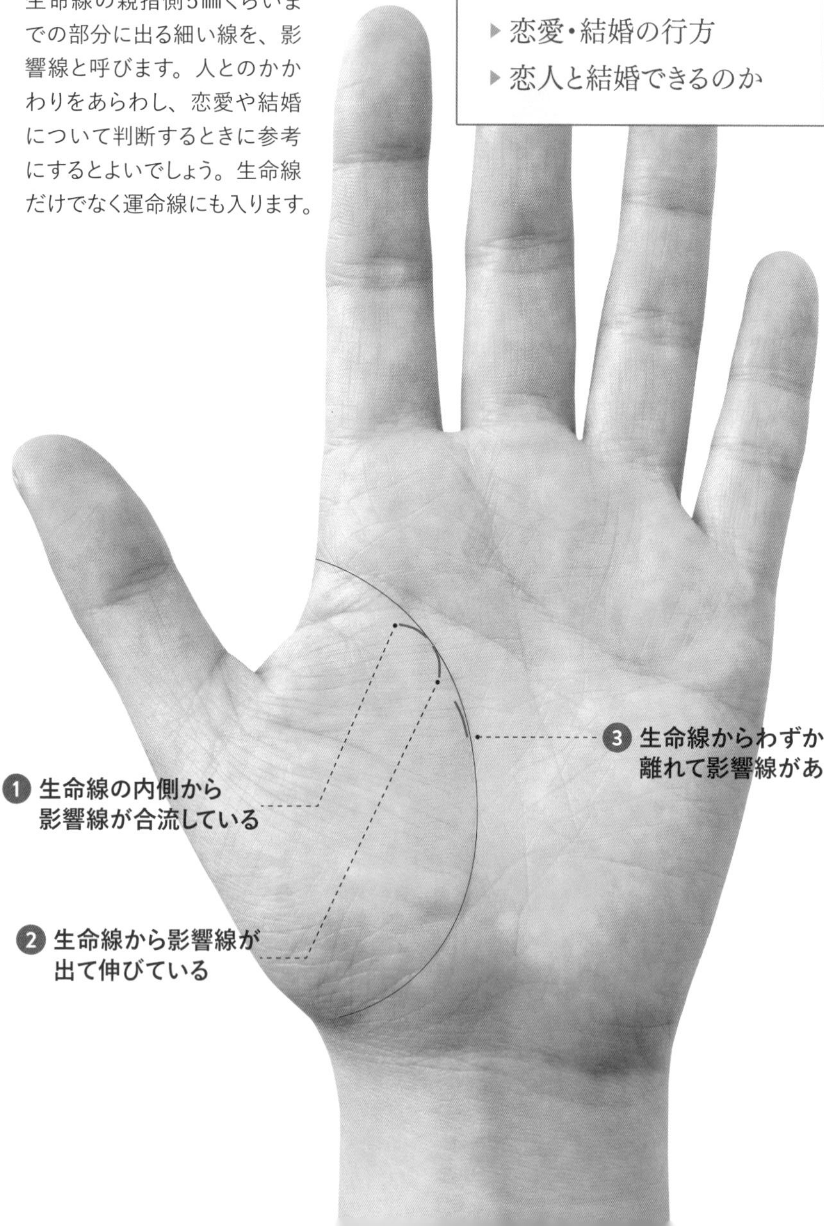

❸ 生命線からわずかに
　離れて影響線がある

❶ 生命線の内側から
　影響線が合流している

❷ 生命線から影響線が
　出て伸びている

- - - - - - - - - ⟩

> 恋人との出会いと
> 恋愛の行方を教えてくれる

❶ 生命線に合流するのは、運命的な出会いを意味

　流年法（→66ページ）**でみて、線の始まったところに運命の人との出会いがあり、合流したところでいっしょになることをあらわします。**この線はほとんどの場合、線が始まったところで結婚する人との出会いがあり、線が合流したところで結婚することをあらわします。また、事業をする人は投資してくれる人やパートナーとの出会いのこともあります。

　影響線が長く出ているほど、その人の影響を強く受ける人生となります。また、影響線は出ていても合流していない場合には、相手を大切にしていくことで合流する形に変化することもあります。

❷ 生命線から出ているのは、その年の結婚を予告

　影響線が生命線から下に出て伸びていくのは、**流年法でみた年齢から生活が変わり、急に忙しくなることをあらわします。**これが女性の場合、結婚を示していることがほとんどです。結婚前にのんびり過ごしていたのに、結婚して急にすることが増えると、この線が出てくることがあります。

　また、この影響線がかなりはっきり出ているときは、生命線が2本あるものと考え、人の2倍生きる力があり、健康で明るく、体をよく動かしていくことを示しています。

❸ 生命線から少し離れているのは、支援者の出現の予告

　影響線が生命線にわずかに離れながら続いて出ているのは、**ずっと自分をサポートしてくれる人がそばにいることをあらわします。**恋愛の場合もありますが、そのときは、結婚まで至らずに同棲して終わることがほとんどです。また、仕事をしている人は、自分をサポートしてくれる相手は上司や同僚で、仕事がしやすいようにと直接助けてくれることをあらわします。

　また、影響線が生命線とはっきりと平行している場合は、その流年の間は体力があり、エネルギーにあふれている時期となります。

次ページにつづく→

大切な線

影響線 恋人の出現を予告

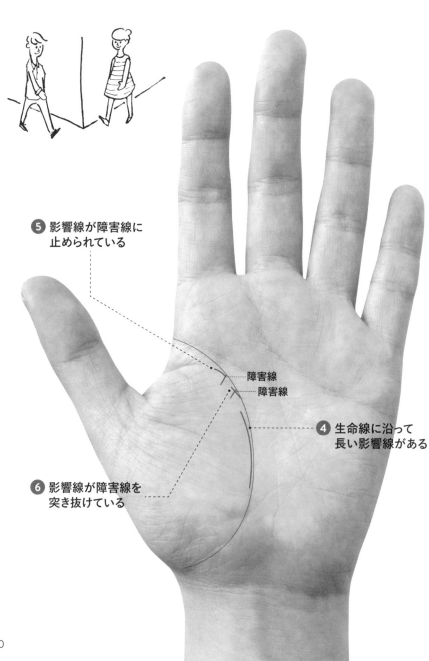

❺ 影響線が障害線に
止められている

障害線
障害線

❹ 生命線に沿って
長い影響線がある

❻ 影響線が障害線を
突き抜けている

❹ 生命線に沿う長い影響線は、リーダー的存在の印

生命力が強く、多くの人に影響を与えながら生きていく人です。何事も待つことができず、自分から行動を起こしていきます。同時に忍耐力をもち辛抱強いといった面もあり、目標を立てると途中で投げ出すことなく、最後までやり通していきます。

だれにでも親切で面倒見がいいので、リーダー的な存在になって活躍していきます。仕事でも、かなりの成功をおさめるでしょう。体力がありますが、それゆえにがんばりすぎて、体を傷めることがあるので気をつけてください。

❺ 影響線が障害線に止められているのは、本命と別れる暗示

影響線が生命線に合流しそうなところで、垂直に入る障害線で止められているのは、**運命に影響を与えるような人といっしょになろうとするときに邪魔が入り、いっしょになれないことをあらわします。**

女性の場合の多くが、つきあっていた人との縁談が直前にこわれることを意味します。立ち直るには時間がかかりますが、それでもあきらめなければ、まれに影響線が障害線を突き抜けて伸びることもあります。冷静に考えても、その相手がどうしても自分に必要と思うなら、納得するまでアタックしたほうがよいでしょう。

❻ 障害線を抜けて合流するのは、苦労の末の成功を意味

影響線が障害線を突き抜け、伸びてから合流しているのは、**大きなトラブルに見舞われるけれど、最終的には自分の思いどおりに物事が進むことをあらわしています。**

女性の場合、この線はたいてい結婚についてのことをあらわしています。男性とつきあっている途中で何らかの問題が起こり、別れの危機が訪れても、ふたりがよく話し合うことで結婚へと至ることを意味します。また、仕事でパートナーと苦難をともにしながら、成功することをあらわします。

大切な線 2 恋愛線

大恋愛があるか
どうかをみる

恋愛線からわかること

▶ 大恋愛をする時期
▶ 恋の成り行き
▶ 性的魅力の有無

恋愛線の見方

恋愛線は感情線のほうから始まり、生命線を横切る線。長く線が出ていることもありますが、ほとんどの場合、途中が切れていて、生命線のところでまたあらわれます。

① 感情線を始点に、
　長いカーブを描いている

② 感情線から離れて、
　長いカーブを描いている

③ 感情線から離れて、
　短いカーブを描いている

❶ 感情線を始点に長いカーブを描くのは、大恋愛の印

恋愛線が感情線から始まって長いカーブを描くのは、**生命線と交差する流年**（→66ページ）**の歳に大恋愛をすることをあらわします。**それは生涯忘れられないような熱い恋であり、その相手と深く愛し合います。運命の人といってよいでしょう。この交差するあたりから、さらに開運線（→182ページ）が出ていれば、その相手と結婚したり、出産したりすることを意味します。

恋愛線が1本でもある人は、感性が豊かで、おしゃれに興味があり、性的な魅力にあふれています。恋愛体質で、異性にモテます。

❷ 感情線から離れた線も、印象深い恋愛の印

恋愛線が感情線のほうから始まり、途中で切れたりするものの、伸ばしていくとカーブを描くようにつながって見え、それが長い線の場合は、①と同じように**大恋愛することをあらわします。**

この流年の歳にいい恋をすることが、人生に大きな影響を与えることになります。それは忘れられないような激しい恋の場合が多く、その相手と結婚することがほとんどですが、結婚しない場合はのちのちそれ以上の恋がなかなかできないため、何度もこの恋を思い出すことになるでしょう。

❸ 感情線から離れた短いカーブは、片思いの印

恋愛線が感情線のほうから始まり、途中で切れたりするものの、伸ばしていくとカーブを描くようにつながって見え、それが短い線の場合は、**その流年の歳に恋をすることをあらわします。**

その恋は順調なこともありますが、片思いで終わってしまうことも多いでしょう。控えめすぎるために、相手に自分の気持ちが伝わっていないことすらあります。この年齢にまだなっていない、あるいは、まさにその年齢であるときには、思いきったアプローチをすることで線は変化して、恋も進展するでしょう。

大切な線

結婚線

結婚パターン・
結婚生活をみる

結婚線からわかること

▶ 結婚の回数
▶ 結婚の時期
▶ 結婚生活の様子や問題

結婚線の見方

結婚線は、感情線と小指のつけ根の
間にあらわれる線です。まっすぐ太い
線や、上に向かって伸びる線、線が2
つに分かれているなどさまざまです。日
ごろの心がけで変化しやすい線です。

❶ まっすぐ1本伸びている

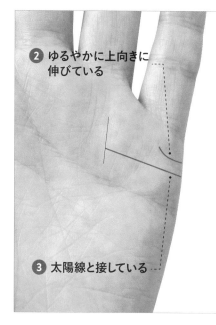

**❷ ゆるやかに上向きに
伸びている**

❸ 太陽線と接している

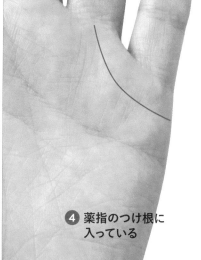

**❹ 薬指のつけ根に
入っている**

---------->

> 結婚する時期や回数、どんな結婚生活になるかを教えてくれる

❶ まっすぐ1本伸びるのは、理想の人と結婚をする

　結婚線が横に1本伸びているのは、**自分とぴったり合う人と結婚できることをあらわします。**線が太くてしっかりしていれば、夫婦のきずなも強く、お互いを思いやり、明るく楽しい生活となり、理想どおりの家庭を築きます。経済的にもお互いが協力することで、不自由することなく、衣食住を満たすことができます。

❷ ゆるやかに上向きの線は、運命的な結婚を意味

　横に1本伸びて上向きなのは、**運命的な出会いで理想以上の結婚をすることをあらわします。**結婚によって人生は大開運に向かい、より充実した日々を送るでしょう。独身時代にくらべ、世界は広がり、才能も伸ばしていくことができます。ただし努力を怠ると、しだいに下向きになり、ツキに見放されてしまうので気をつけましょう。

❸ 太陽線と接するのは、玉の輿の相

　結婚線が長く伸びて太陽線と接しているのは、**周囲がびっくりするような地位や名誉がある人のところに嫁ぐような玉の輿の相です。**でも、そのときには豊かさと引き換えに、苦労も暗示されます。ほとんどは夫婦が協力して、大きな成功を手に入れていきます。お金も自分の好きに使えるようになり、華やかな生活を送るでしょう。

❹ 薬指のつけ根に伸びる結婚線は、転機となる結婚を暗示

　結婚線が薬指のつけ根に入っているのは、**事業で成功している人や有名人と結婚すること**をあらわします。結婚で人生は大転換し、どこに行っても注目されることになるでしょう。生活は派手に見えますが、内情はいろいろと問題を抱えていたりして、気が休まることはなく、常に神経を配りながらの生活となります。

次ページにつづく↑

結婚線

結婚パターン・
結婚生活をみる

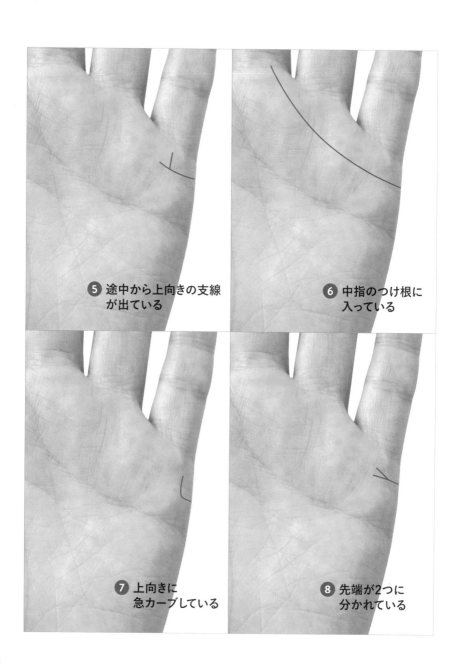

⑤ 途中から上向きの支線
が出ている

⑥ 中指のつけ根に
入っている

⑦ 上向きに
急カーブしている

⑧ 先端が2つに
分かれている

⑤ 上向きの支線があるのは、結婚後の豊かさを意味

　結婚線が横に1本出ていて、その途中から上向きに支線が出ているのは、**結婚によって独身のころよりも豊かな生活を送ることができることをあらわします**。住む環境がよく、体調も良好で、経済的にもゆとりがあります。ほしいものをだいたい買えるのでストレスもありません。夫婦仲よく、末永く過ごすことができます。

⑥ 中指のつけ根に入るのは、相手を拘束する結婚に

　結婚線が中指のつけ根にまで入っているのは、**独占欲が強く、相手を束縛する相です**。相手のすべてを知らないと気がすまず、一日に何度も連絡をとらないと不安な状態になります。しだいに相手も干渉されることにうんざりするようになり、ケンカも増えていきます。そうなる前に熱中できる趣味を見つけ、ひとりでも楽しめる時間をつくりましょう。

⑦ 短めの上向き急カーブは、独身を好む

　愛より仕事を選び、独身を通すタイプ。男性は家庭向きでなく、女性も家事が苦手で、ひとりが気楽だと思っています。結婚しても不満が多く、別れてしまうことがほとんど。たとえ籍を入れても、別居するなどして実質的な婚姻生活を送りません。結婚を願うなら、「結婚する」と口に出して宣言するようにすると、運気が変わってきます。

⑧ 結婚線が2つに分かれるのは、別居を意味

　1本の結婚線が途中から分かれているのは、**夫婦が別居したり、同居していても夫婦関係がなかったりすることをあらわします**。単身赴任など、仕事上の都合でいっしょに住まなかったり、夫婦の関係が冷えきったりして心が離れます。別れたくなければ、相手に気をつかい、感謝の心で接してやさしい言葉を交わすと運気がアップしていきます。

次ページにつづく→

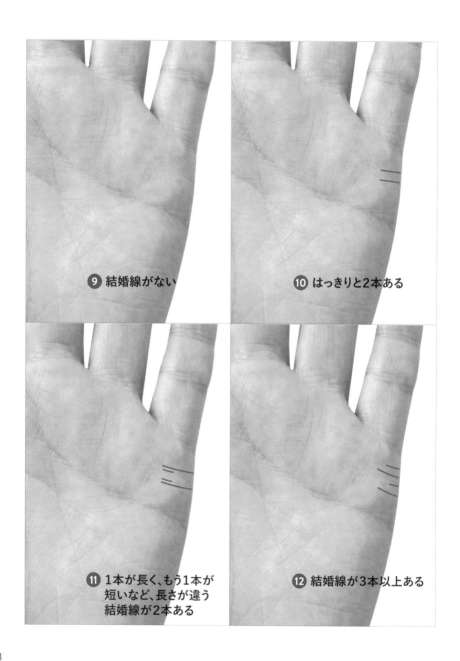

⑨ 結婚線がない

⑩ はっきりと2本ある

⑪ 1本が長く、もう1本が
短いなど、長さが違う
結婚線が2本ある

⑫ 結婚線が3本以上ある

⑨ 結婚線がないのは、結婚に興味がない

　結婚線が本来あらわれる位置にまったく出ていないのは、**結婚について関心がないことをあらわします。** 結婚線が出ていないから結婚しないというのではなく、いい相手になかなか出会いにくい、本気になりにくい、愛情の注ぎ方を知らないといった理由で出ない場合も。

　でも、悲観することはありません。ほかの線がしっかりしていれば、結婚できる可能性はまだまだあります。

⑩ 結婚線が2本あるのは、結婚を2度する

　結婚線が同じ濃さで2本あるのは、**人生において、真剣に結婚を考える相手と2度出会うことをあらわします。** 1回離婚して別の人といっしょになるケースや、別れた同じ人と再婚するケースもあります。同棲も1回と考え、結婚直前で破談になった相手も縁があった人として1回と数えます。長いほうの結婚線がよりいい結婚となります。

⑪ 長さが違うのは、落ち着かない結婚を暗示

　長さが違う結婚線が2本あるのは、**異性と三角関係や不倫になりやすいことをあらわします。** 長い線の下に薄く短い線があるのは、結婚前の恋人と別れきれないことをあらわし、長い線の上に薄く短い線があるのは、結婚後の浮気を暗示します。配偶者以外の異性とふたりきりになったり、お酒を飲んだりしないように心がけましょう。

⑫ 3本以上あるのは、複数の異性と関係を結ぶ

　結婚線が3本以上あるのは、**複数の異性と次々と関係を結ぶことをあらわします。** 同棲も1本と考えます。結婚線の数だけ結婚する人もいますが、深い関係になる人数なので、必ずしも線の本数だけ結婚するわけではありません。甘え上手で、異性からモテモテ。新しいものが好きなので、パートナーも飽きると変えていくでしょう。

結婚線を左右合わせて
結婚の回数をみる

🔍 結婚回数の見方

小指と小指を背中合わせにして、小指下線と感情線の始点を合わせ、結婚線を確認します。左右両手につながる結婚線が1本なら結婚は1回、2本なら2回と考えます。

左右つながる結婚線を
流年法でみれば、
結婚年齢がわかる

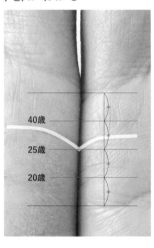

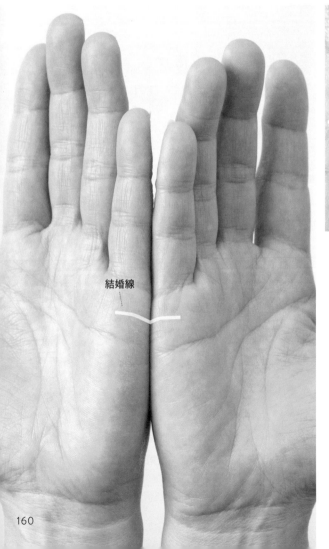

結婚線

結婚線の流年法

小指下線と感情線の始点との間を4等分して、感情線から上へ20歳、25歳、40歳とする。左右つながる結婚線の位置をみれば、結婚年齢を割り出すことができる。この手相は、28歳で結婚することを示している。

> 左右の結婚線を合わせてぴったり合う線は、
> 結婚する時期や回数をあらわす

結婚線に流年法を当てはめれば、結婚する歳がわかる

生命線や運命線と同じように、**流年法**（→160ページ）**によって、結婚する歳も知ることができます。**小指のつけ根の線から感情線までの間を4等分して、感情線から上へ20歳、25歳、40歳とします。そのどのあたりに、結婚線が通っているかで、だいたいの年齢を割り出します。

左右の結婚線を合わせれば、結婚の時期と回数がわかる

左ページの「結婚回数の見方」で示したとおり、**左右の結婚線を合わせて、ぴったり合わさった結婚線の数が、結婚する（同棲を含む）回数となります。**

左右の結婚線の位置がまったく違う場合には、縁はあってもなかなか思うように進まないことをあらわします。結婚のチャンスがあったらタイミングを逃さないように、あまり慎重になりすぎずに進めるようにするとよいでしょう。

これは
スペシャル

結婚線が3本以上

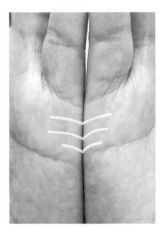

やさしくて、甘え上手。
異性にモテモテの相

結婚線が3本以上ある人は、好奇心旺盛で、常に新しいものを求めるタイプの人です。だれにでもやさしく、気配りも上手なので、常に人気者になるでしょう。モテるほうなので、異性関係は複雑になる傾向があります。

さらに、左右の結婚線が2～3本合うと、その数だけ結婚することを意味します。同棲も1回に数えますが、左右ぴったり合う結婚線のなかでも太く、長い線にあたる結婚に、深い縁があると考えます。

大切な線

結婚線に出る
ラッキー・サイン

❶ 結婚線の部分がピンク色になるのは、結婚間近のサイン

結婚運がアップしていることをあらわしています。結婚する運命の人との出会いが近いか、あるいはすでに出会っています。 心あたりがあれば、いまがチャンスなので、積極的に話を進めるとよいでしょう。それほどムリなく、まとまります。

また、すでにおつきあいしている相手がいるときは、ふたりの間に進展があり、結婚が話題になってきそうです。お互いにこの機を逃さないようにして、結婚への準備を着実に進めていくことに集中しましょう。

❶ 結婚線がピンク色

❷ 結婚線の上にあった「格子」がとれたら、結婚へGOサイン

結婚について、自分自身が本気になったことをあらわします。

たとえば、それまでも結婚運はあったものの、仕事や家族のことなどの理由をつけて結婚を先延ばしにしたり、結婚へ慎重だったりした人も、結婚線上の格子がとれると、同時に本来の運気があらわれるため、結婚へと話が進みやすくなるのです。

格子がとれてからほとんどの場合、1年以内に結婚、あるいは同棲などの形をとり、新生活を始めるでしょう。

❷ 結婚線の上の
格子がとれる

まだある! 結婚にまつわる**ラッキー・サイン**

③ 生命線から上に出る支線は、好転の時期

支線が出ている流年の歳のところで、喜びごとがあります。女性の場合、たいてい結婚をあらわします。結婚して幸せになるという強い決意の結婚なので、結婚後、運命は好転。仕事面も充実して、楽しい日々となります。

④ 運命線から上に支線が出るのは、大開運の印

支線が出ている流年の歳に大開運が起こるサイン。男性は仕事で独立、昇進などで、女性はほとんどの場合、結婚や出産で運気がアップするでしょう。この線がはっきりとして長くなればなるほど、幸せな運気は続きます。

⑤ 運命線に支線が合流するのは、出会いを予告

自分を支えてくれる人との出会いをあらわします。その人の力によって、大きな幸せをつかむことができます。これは多くの場合、結婚で、この線が太いほど、自分にぴったりな相手と結婚することをあらわします。

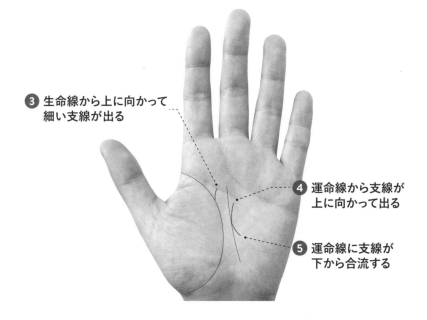

❸ 生命線から上に向かって
　細い支線が出る

❹ 運命線から支線が
　上に向かって出る

❺ 運命線に支線が
　下から合流する

大切な線

163

結婚線に出る
アンラッキー・サイン

❹ 結婚線が途切れている ----

❶ 下向きにカーブしている ----

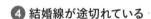

❷ 結婚線の上に島がある ----

❸ 感情線と接触している ----

1 結婚線の下向きのカーブは、伴侶とのすれ違いを暗示

結婚線が下向きにカーブしているのは、**結婚した相手と心が通じ合っていないことをあらわします。**

暮らしているうちに少しずつふたりの価値観が違ってきてしまい、ケンカが多くなり、険悪な状況が続きます。でも、まだ完全に別れることが決まったわけではなく、変化の可能性があります。別れたくなければ、相手を思いやるように努力しましょう。

2 結婚線の上の「島」は、結婚生活にトラブルが多いあらわれ

結婚線の上にできた島は、**性格の不一致のためにトラブルが多く、結婚を後悔していることをあらわします。**

生活をするうちに相手の欠点が見えてきて、こまかいことで文句を言いますが、結局は別れないまま過ごすことが多いでしょう。大きなケンカとなり、第三者が入って別れを検討することもありますが、結局、元のさやにおさまりそうです。

3 感情線に接触しているのは、愛が冷めたサイン

結婚線が下に長く伸び、感情線に接触しているのは、**愛が冷めてしまったことをあらわします。**

この線が出たら、ふたりが元に戻ることは、もうほとんどないでしょう。結婚に固執せずに前向きになって、新たに生きる道を考えましょう。また、結婚線が感情線を貫いている場合は、相手の病気や事故などでどうにもできない理由で別れる可能性もあります。

4 結婚線が切れるのは、結婚生活が続かなくなる暗示

まっすぐな結婚線が途切れるのは、**順調だった結婚生活がなんらかの理由で、継続できなくなることをあらわします。**

ふつうにつながっていた結婚線が突然切れた場合、線が切れた3週間後くらいからその影響があらわれ、別居、または離婚になることもあります。この線を見つけたら、できるだけ早く、よく話をする時間をつくるようにしてください。

4 結婚に向く手相 男性編

結婚に向く男性の手相は、生命力をあらわす
親指下の金星丘が十分厚く、成功を示す太
陽線や、責任感の強さをあらわす感情線など
がくっきりと刻まれているのが理想です。

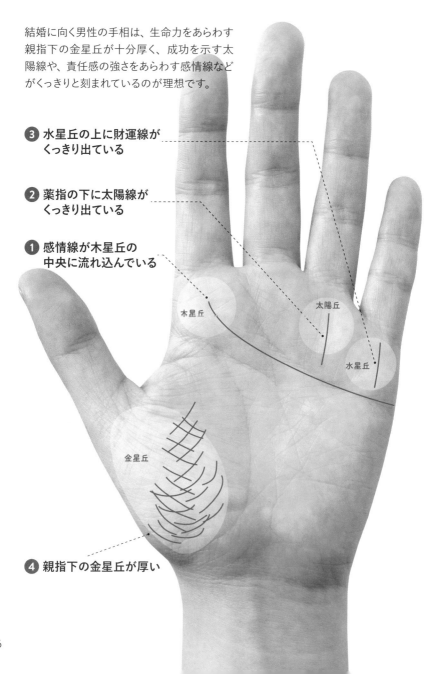

❸ 水星丘の上に財運線が
くっきり出ている

❷ 薬指の下に太陽線が
くっきり出ている

❶ 感情線が木星丘の
中央に流れ込んでいる

木星丘

太陽丘

水星丘

金星丘

❹ 親指下の金星丘が厚い

① 感情線が木星丘の中央に流れ込んでいる

└ 家族をしっかり守る夫

愛情について真面目で、結婚に向いている人です。家庭を第一に考えて大切にします。ただ、自分もきちんとしているので、妻にもしっかりしてもらいたいと考え、厳しいところがあります。やや束縛が強い傾向も。

② 薬指の下に太陽線がくっきり

└ 社会的に認められる夫

あたたかく穏やかな家庭を築くことができる人で、結婚に向いています。夢を追い続けることもあまりなく、現実をきちんと見て、堅実な人生を送ります。経済的にも安定して、家族仲よく幸せに暮らせるでしょう。

③ 水星丘の上に財運線がくっきり

└ 財産運と家を守る力がある

決まった収入があり、家を守る力があるので、結婚するのにふさわしい男性です。自分のやりたいことを楽しんで行うタイプで、それが収入につながっていきます。この線があるうちは、お金で困ることはありません。

④ 親指下の金星丘が厚い

└ バイタリティーがある

生命力があり、新しい環境に適応する力があります。バイタリティーがあって、野心家でタフで、ムリがききます。行動力があるので、周囲からもリーダーとして認められ、社会的に活躍していきます。

結婚に向かない手相 男性編

感情が豊かで惚れっぽい二重感情線の
人は、結婚後も落ち着かず、家族は振り
回されるハメに。生命線と知能線を横切
る線が結婚線に接触する手相は、離婚
を暗示するなど要注意の相。

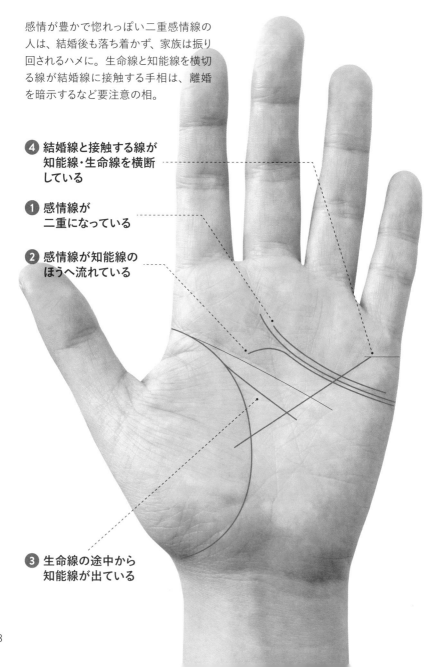

**❹ 結婚線と接触する線が
知能線・生命線を横断
している**

**❶ 感情線が
二重になっている**

**❷ 感情線が知能線の
ほうへ流れている**

**❸ 生命線の途中から
知能線が出ている**

1 感情線が二重になっている
　↳ 浮気がやめられない夫

感情が豊かで、いろいろな人に愛情を注いでいきます。 ひとりにしぼるのはむずかしく、本人もモテるので、恋愛トラブルが絶えないでしょう。魅力的だから恋愛沙汰がなくなることはないと思い、広い心で対処してください。

2 感情線が知能線のほうへ流れている
　↳ 家庭をかえりみない夫

家庭よりも、仕事中心になる夫です。 男は仕事と考えて、家庭のことは妻に任せきりになります。その生き方を尊重して、真面目にがんばって仕事をしていることに感謝しながら生活すれば、いい関係になっていきます。

3 生命線の途中から知能線が出ている
　↳ 母親と離れられない夫

依存心が強く、親に頼って生きてきた人です。 母親がいないと何もできず、一心同体のようなところがあります。ふたりをすぐ離すのはムリなので、それも夫だと受け入れつつ、時間をかけて自分の色に変えていきましょう。

4 結婚線と接触する線が知能線・生命線を横断
　↳ 結婚に向かない夫

そもそも夫は結婚には向かず、がんばって修復しようとしても、なかなかうまくいきません。 結婚生活を長続きさせるためには、相手の親戚とまず仲よくなり、籍だけは保つといった割り切りが必要でしょう。

大切な線

169

6 結婚に向く手相 女性編

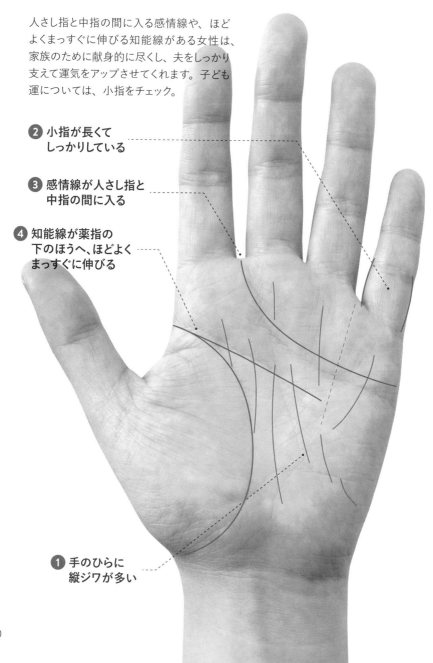

レッスン4
結婚線

人さし指と中指の間に入る感情線や、ほど
よくまっすぐに伸びる知能線がある女性は、
家族のために献身的に尽くし、夫をしっかり
支えて運気をアップさせてくれます。子ども
運については、小指をチェック。

❷ 小指が長くて
しっかりしている

❸ 感情線が人さし指と
中指の間に入る

❹ 知能線が薬指の
下のほうへ、ほどよく
まっすぐに伸びる

❶ 手のひらに
縦ジワが多い

① 手のひらに縦ジワが多い
↳ あげまん妻

強運の星のもとに生まれている妻なので、結婚することで、妻のパワーを得ることができます。夫はどんどん社会で活躍して、出世することができるでしょう。健康にも恵まれ、ふたりでよい家庭を築いていきます。

② 小指が長くてしっかりしている
↳ 子宝に恵まれる

生殖機能が健康的であり、子どもに恵まれることをあらわします。子どもを十分養育するだけの健康的な体ももち合わせています。魅力にもあふれているため、性生活でも夫を上手に喜ばせ、パワーを与えていくでしょう。

③ 感情線が人さし指と中指の間に入る
↳ 献身的な妻

よき妻として、夫のために尽くしていく人です。だれよりも夫に対して気をつかいながら生活を送ります。自分の趣味や遊びをできる限りおさえ、すべてを夫に合わせ、夫が望むことは何でもしてあげようとします。

④ 知能線がほどよくまっすぐ伸びる
↳ 常識的な妻

良妻賢母という言葉がぴったりな、上品で、気がきく人です。明るく元気でユーモアがあり、夫を上手に盛り立てます。家族にもこまごまと世話をし、子育てにも積極的で、しっかりとした子どもに育てていきます。

7 結婚に向かない手相 女性編

こまかい結婚線が複数出ている女性は、結婚しても夫以外の人を好きになり、浮気を繰り返すことに。ものの言い方がキツい、結婚するとケンカが多くなるという傾向も、手相でチェック！

❶ 金星帯を結婚線が
　横切っている

❷ 運命線が感情線で
　止められている

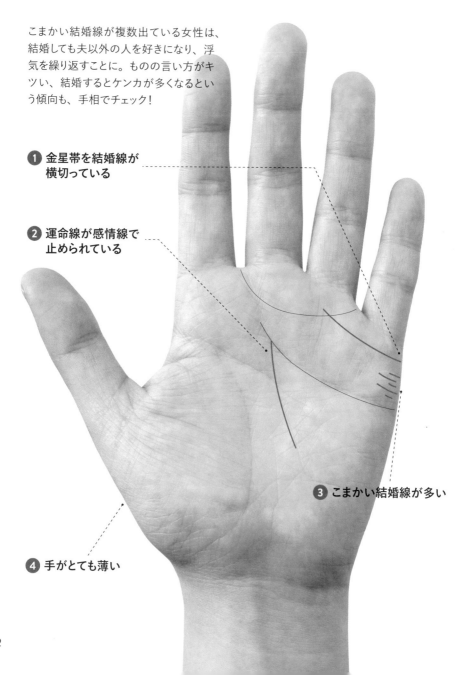

❸ こまかい結婚線が多い

❹ 手がとても薄い

① 金星帯を結婚線が横切っている

└→ 感情的になりやすい傾向が

感情的でヒステリックになりやすく、気に入らないことがあると、大きな声を出して騒ぎたてます。 ふだんのおとなしいときとは別人のような姿に周囲も驚くでしょう。性欲がうまく満たされれば、状況は改善されます。

② 運命線が感情線で止められている

└→ 夫の才能をつぶしそう

はっきりした運命線が、感情線で止められているのは、**エネルギーが強すぎて、いつも夫にこまかいことなど不満を**ぶつけます。自分も外に働きに出たりすることで、夫の運も安定し、仕事でも成果をあげます。

③ こまかい結婚線が多い

└→ 浮気が多くなりそう

結婚していても、気持ちが家庭にはなく、華やかに生きたいといつも激しい恋を求めています。 おとなしくしているのはまれで、家族にもわかるように遊び歩いたりして、トラブルも起こしかねません。

④ 手がとても薄い

└→ クールすぎる妻

自分の考え方に固執して、人の言うことを聞かないタイプ。愛情を与えることはせず、いつももらうことばかりを願います。愛情を与えても、感謝するどころか、当然のようにもっと要求するようなところがあります。

相性のいい手相
お互い補い合える人

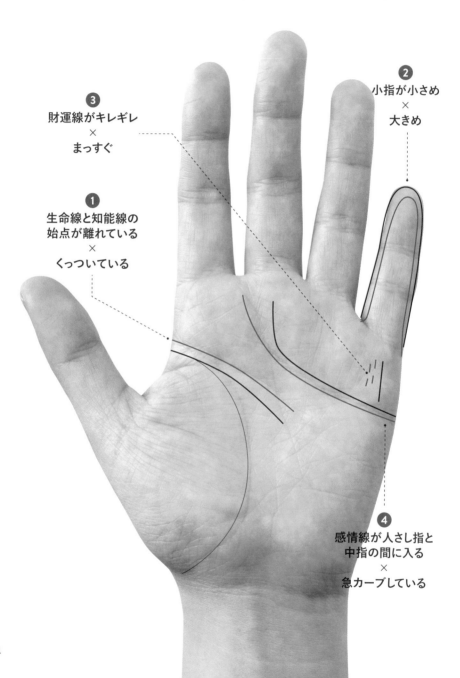

③ 財運線がキレギレ
×
まっすぐ

① 生命線と知能線の
始点が離れている
×
くっついている

② 小指が小さめ
×
大きめ

④ 感情線が人さし指と
中指の間に入る
×
急カーブしている

> 理想の相手は、手相が似ておらず
> 個性をフォローし合えるパートナー

❶ 生命線と知能線の始点が離れている人 × 接している人

生命線と知能線が離れて出ているのは、考えたらすぐ行動する人。行動が早い人は、生命線と知能線が同じ始点から出ているじっくり考えるタイプの人と行動をともにすることで、立ち止まって熟考する機会をもつことになります。このふたりでいると、**片方は大きな目標をもって邁進し、もう一方がそれをサポートするので大きな成功を手に入れます。**

❷ 小指が小さめな人 × 大きめな人

小指は子どもについてあらわす指で、子孫の繁栄や子どもとのかかわり方がわかります。小指が小さめな人は、性的な機能が弱めで控えめな人です。小指が大きめな人とつきあうことで、性的な機能が開発されるようになり、充実した性生活を送ることができます。この組み合わせであれば、**子どもに恵まれ、子ども運もよくなり、幸せになるでしょう。**

❸ 財運線がキレギレな人 × まっすぐな人

財運線がキレギレな人は、お金が入ってくるだけどんどん使うのが好きな、浪費癖のあることをあらわします。そのような人と相性がいいのは、財運のいい財運線がまっすぐな人です。まっすぐな人は、入ったお金を貯めておく方法をよく考え、実行するので、**かなりの貯金を残すことができます。将来も安泰で、お金に困ることはないでしょう。**

❹ 感情線が人さし指と中指の間に入る人 × カーブしている人

感情線が急カーブしている人は、熱しやすく冷めやすいタイプの人です。いつも恋をしているので、伴侶がいても浮気することが多く、異性関係が派手になりやすい傾向があります。感情線が人さし指と中指の間に入り込んでいる人は、**浮気っぽいタイプに対しても精神的な安定を与え、多少の遊びも大目に見て、のびのびとさせてくれるので仲のよいカップルとなります。**

金星帯

恋愛パターン・
性的生活をみる

🔍 金星帯の見方

金星帯は、人さし指と中指の間から、薬指と小指の間を結ぶように出ている丸みのある線です。この線はだれにでも出るのではなく、あっても途中で切れていることがほとんどです。

┌─ 金星帯からわかること ─┐
▶ 性的な魅力の有無
▶ 異性とのつきあい方
▶ 性欲の強弱

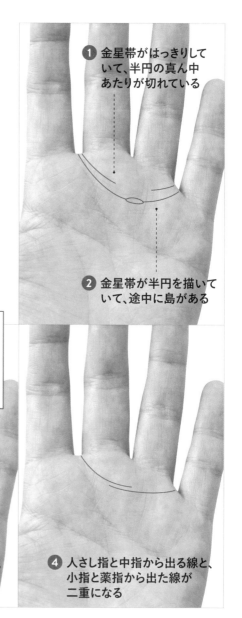

❶ 金星帯がはっきりしていて、半円の真ん中あたりが切れている

❷ 金星帯が半円を描いていて、途中に島がある

❸ 人さし指と中指の間からだけ、金星帯が出ている

❹ 人さし指と中指から出る線と、小指と薬指から出た線が二重になる

金星帯が出る場所や形状で、恋愛や性的関心度の高さがわかる

① 中間が切れているのは、異性にモテる

　性的な魅力にあふれ、セクシーで異性を引きつける人です。性を大切にするので、理性でコントロールして衝動的には動きません。セックスはノーマルに時間をかけて楽しむことで、より深い喜びを得ることができるでしょう。ふつうはひとりの人とつきあいますが、相手が浮気をすると、やり返すという一面もあります。

②「島」があるのは、大恋愛で人生が一転する

　島は、激しい恋によって人生が変わることをあらわします。いちずに相手を思う人ですが、何かしら障害にさえぎられることがほとんど。ときには問題を乗り越えて成就することもありますが、大半は結ばれないので、心に受けるダメージははかり知れません。こうした恋の経験は、芸能や芸術の仕事に生かしていけるでしょう。

③ 人さし指と中指の間から出ているのは、いちずな人

　さわやかさと性的な魅力をあわせもち、異性に好印象を与える人です。自分のことは自分でできるので、人をあてにせず、依頼心が強くないので、よい関係が長続きします。恋愛だけにのめり込むこともなく、節度があるのでトラブルもまずありません。ひとりの人とだけつきあい、浮気をしないでゆっくりと愛をはぐくみます。

④ 左右からの線が重ならないのは、恋で成長

　特殊な金星帯の形です。この線をもつ人は**たいへんな努力家で、大きな目標をもって活躍することをあらわします。**自分を成長させてくれる異性に縁があり、いろいろな面でインスピレーションを与えられ、助けてもらえます。また、先生や上司にも恵まれます。人を見抜く目は鋭く、自分と感性の合わない人とはまったくつきあいません。

大切な線

次ページにつづく→

金星帯

恋愛パターン・
性的生活をみる

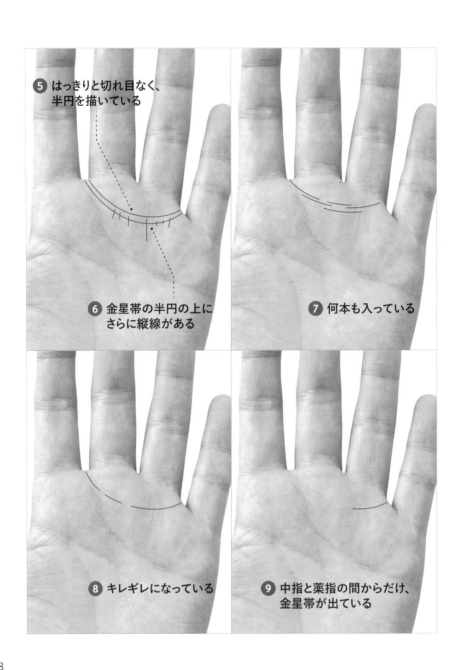

5 はっきりと切れ目なく、半円を描いている

6 金星帯の半円の上に
さらに縦線がある

7 何本も入っている

8 キレギレになっている

9 中指と薬指の間からだけ、
金星帯が出ている

⑤ 「切れ目」のない金星帯は、強い性欲をあらわす

性的な関心が強く、本能のままに行動します。社会的な常識など気にせず、悪気もなく、複数の異性と同時につきあうことも多いでしょう。そのときの気分しだいで関係を結んだりするので、恋愛トラブルが絶えません。相手を選び、節度をもって行動していきましょう。

⑥ 金星帯に縦線があるのは、性欲がすべての人

性欲がかなり強い相です。セックスは激しく、パートナーとの相性がよければ問題ありませんが、そうした相手にはなかなか出会えないので、欲求不満になることも少なくありません。とはいえ、衝動的に行動してしまうと、大きな問題を起こしかねないので気をつけて。

⑦ 何本もあるのは、異性関係にルーズ

異性関係にルーズな傾向があり、ひとりの人とつきあうだけでは満足できず、いろいろな人と楽しみたいと考えるので、常に複数の異性と関係をもつことになります。その場のノリが楽しく、盛り上がれればよいと思うタイプなので、セックスが生きるエネルギーになります。

⑧ 「キレギレ」なのは、異性を転々と変える

性的関心が強く、異性を次々に変える傾向があります。結婚もむずかしく、結婚しても浮気を繰り返しがちに。女性の場合、欲求が満たされないとヒステリックになり、人相も険しくなります。性について学んだり、絵や文章で表現したりすることで落ち着いてきます。

⑨ 中指と薬指の間から出る人は、遊び人

働くのが嫌いな遊び人で、夢はありますが、なかなか社会に順応できないタイプです。金星帯で太陽線が止まらず、突き抜けているのは、異性トラブルで大金を失いやすいことを暗示しています。運気をアップする太陽を浴び、社会で活躍するエネルギーを吸収しましょう。

向上線

忍耐・持続力をみる

┌─ 向上線からわかること ─┐

▶ 忍耐力・持続力の程度

▶ 目標をもって努力できるか

▶ 就職や受験を勝ち抜けるか

🔍 向上線の見方

向上線は、生命線から人さし
指の方向に伸びる線をさします。
線の始点が開運の歳を示すの
で、生命線の流年法と照らし
合わせると、努力が必要な時
期がわかります。

流年法の基準幅
（人さし指のつけ根の幅）

❶ 基準幅の中から
向上線が出ている

❷ 基準幅の2倍以内の
ところから向上線が
出ている

❸ 基準幅の2倍以上の
ところから向上線が
出ている

1 生命線の始点近くから出ているのは、受験時の奮闘

　生命線の流年法（→66ページ）でみると、人さし指のつけ根の幅（基準幅）の中から向上線が出ているのは、**15歳以降から成人するころまで努力をしていることをあらわします。**この年齢は、特に社会にかかわる大切な時期でもあり、就職や受験など目標に向かってがんばることがわかります。

　向上線はたとえ薄くても、努力をしている状態をあらわします。線が濃くなっていくほど、その努力がたいへんなものであり、それがいい形で人生に影響することになります。がんばればがんばるほど線がはっきりしてきて、開運の度合いも大きくなるでしょう。

2 基準幅の2倍以内から出るのは、20代で踏ん張る

　流年法では20代をあらわします。この相の人は**20代で人生の大きな目標を見つけて、努力をすることになるでしょう。**将来の仕事の理想も見えてきます。

　向上線は長ければ長いほどその決意は強く、ほとんどの人の場合、努力が実を結び、仕事につながります。たとえすぐに結果が出ないとしても、30代、40代となったときに、がんばったことが必ずいいかたちになってあらわれるでしょう。両方の手にだいたい同じ場所から向上線が出ていると、成功がより確実なものとなります。

3 2倍以上から出るのは、大器晩成

　基準幅の2倍以上離れたところから向上線が出ているのは、**30代以降に努力することをあらわしています。長年心に秘めていた夢をあきらめずに、目標に向かって努力していきます。**そして努力をした分だけ、人生はよい方向に向かっていきます。

　この線は研究者に多くみられ、ひとつの専門分野を研究して、それでよい結果を得ることができます。地道に日々とり組んでいることも、時間をかけることで、相当大きな仕事として認められるでしょう。

大切な線

181

開運線

開運・努力が実る

開運線からわかること

▶ 運が開ける時期・年齢

▶ 支援者があらわれるか

▶ どんな成功をおさめるか

開運線の見方

生命線から中指、薬指の方向に伸びる線を開運線といいます。開運線は結婚や昇進、独立、開業などで開運することをあらわし、流年法と合わせて時期を知ることができます。

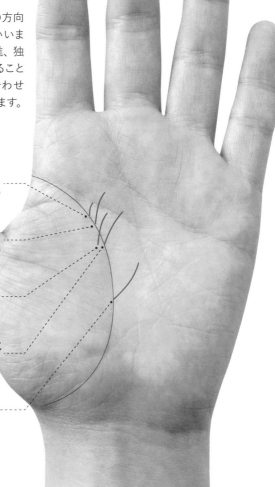

❶ 生命線から
短い開運線が出ている

❷ 生命線から
長い開運線が出ている

❸ 生命線の内側から
開運線が出ている

❹ 生命線から薬指方向に
開運線が出ている

❺ 生命線の
40歳以降の地点から
開運線が出ている

1 短い開運線は小さな開運をあらわす

生命線から短い開運線が出ているのは、**開運線の始点の歳に開運することをあらわします**。恋愛、結婚、出産、独立といった喜びごとが起こる可能性があります。

2 長い開運線が出ていれば大開運となる

生命線から長い開運線が出ているのは、**その始点の歳に人生を変えるような大開運があることを意味しています**。開運後は生きやすくなる一方で、忙しくなる場合がほとんどなので、体に気をつけてムリをしないようにしてください。

3 生命線の内側から始まるのは、身内の援助で開運

身内からの援助を受けて、開運する相です。身内とは親からの援助がほとんどで、成人後も学費や生活費などの面倒をみてもらうことになりそうです。財が尽きたときに苦労するので、親に感謝をしつつ、自立の努力をしましょう。

4 薬指方向に出るのは、努力で名声を手にする相

努力をした結果、チャンスに恵まれ、大開運する人です。名声や名誉を手にして、有名人となり、目立つ存在になることも少なくありません。得意分野を充実させ、夢を持って生きれば、さらにいい人生となります。

5 生命線の中心より下からは、40代以降の開運

生命線の流年法（→66ページ）で40歳以降の場所から出ている開運線は、**努力によって開運することをあらわします**。また、開運線は中指に伸びれば運命線（→112ページ）、薬指に向かうのは太陽線（→132ページ）としてみます。

大切な線

障害線

トラブルを暗示する

障害線からわかること

▶ トラブルの暗示
▶ トラブルが起こる時期
▶ トラブルの内容

障害線の見方

障害線は文字どおり何らかの障害を暗示する線です。生命線に対して直角に入ったり、ゆるやかなカーブを描いてあらわれます。生命線だけでなく、運命線にも入ります。

❶ 生命線をゆるやかな
U字形のカーブで横切る

❷ 生命線を
直角に横切る

❶ U字形のカーブで横切るのは、運気停滞の暗示

生命線の流年法（→66ページ）でみると、**U字形の障害線は、その流年の歳のときに運気がかなり停滞することをあらわします。**生命にかかわるような病気や事故などを招くことが多いでしょう。

U字の場合、トラブルが1度ではなく、何度か危険なことが続くことも少なくありません。おはらいをしたり、警戒心をもって行動したりすることで、切り抜けていきましょう。

❷ 直角に横切る障害線は、出費や病気に注意

障害線が生命線に対して直角になっているのは、**その流年の歳に大きく運気を乱すようなトラブルが発生することをあらわします。**

直角線の入っている場所を、流年法で合わせると時期がわかります。その時期には突然大きな出費があったり、離婚したり、病気になったりと深刻な状況であることが多くなるでしょう。強い意志をもつことで、他人にまどわされなくなり、運気が向上します。

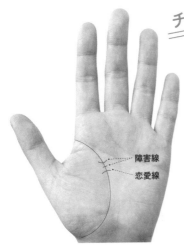

障害線
恋愛線

チェック！

障害線の見分け方

ナイフで切った痕のように短く、浅い線

障害線の特徴は、5mm以下の薄くて浅い線で単独であらわれることです。線の流れが不自然で、生命線や運命線にほぼ直角に入ります。恋愛線（→152ページ）に似ていますが、カーブは逆U字なので区別できます。

手相の線は、その形や表情すべてに意味があります。でも、障害線はその線に意味はなく、川をせき止める石のように、エネルギーの流れを止める働きをして運気を落とさせます。

大切な線

健康線

健康状態・病気をみる ----------

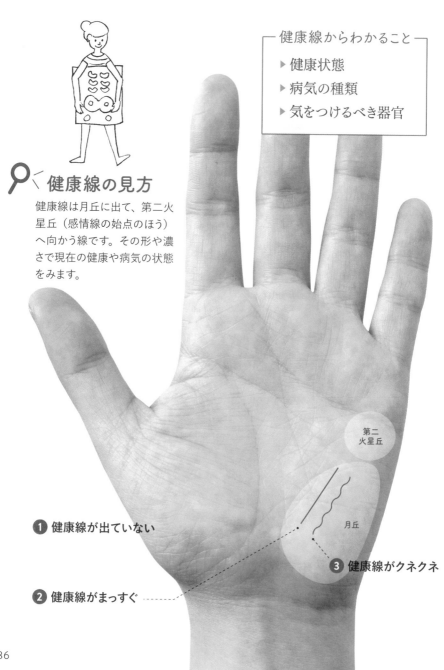

健康線からわかること

- ▶ 健康状態
- ▶ 病気の種類
- ▶ 気をつけるべき器官

健康線の見方

健康線は月丘に出て、第二火星丘（感情線の始点のほう）へ向かう線です。その形や濃さで現在の健康や病気の状態をみます。

第二火星丘

月丘

❶ 健康線が出ていない

❷ 健康線がまっすぐ

❸ 健康線がクネクネ

❶ 健康線が出ていないのは、健康な証拠

　健康線がないのは、**現在、健康であることをあらわします。そもそも健康線はないのがよく、健康線がなければ、いますぐに病気になるということはありません。**さらに、生命線にも島や乱れがなければ、それは確実なものになります。

　ただ、生命線に島や乱れが見られるときは、これから健康に問題が起こり、健康線があとからできる可能性があります。症状が出ていないうちから早寝早起きをして、きちんと食べることなど、基本的生活を大切にしていれば、病気にかからずに過ごすことができます。

❷ まっすぐなのは健康。色が悪いときは注意

　健康線がまっすぐであれば、**ふつうの健康状態であり、特に問題はありません。ムリをしなければ、健康は維持されます。**

　でも、健康線が伸びて長くなり、生命線を突き抜けるようになると、心臓に弱さが出てくることがあります。このような変化に気づいたら、症状が出ていなくても、用心して定期的に健診したほうがよいでしょう。また、いくらまっすぐな健康線でも、周囲にくらべて線の色が悪くなっていると感じるときは、体調をくずす暗示です。早めに体を休め、症状を最小限にしましょう。

❸ 「クネクネ」しているのは、体の弱さを暗示

　健康線がまっすぐではなく、クネクネと蛇行しているのは、**いわゆる虚弱体質であるために、ちょっとしたことで病気にかかりやすいことをあらわします。**

　特に、胃腸など消化器系が弱く、体調がくずれると、はじめにおなかや腸が痛くなるといったことが起こりやすいでしょう。また、頭の血管や、神経などのトラブルを抱えがち。できるだけストレスが少ない環境のなかで生活するのが一番よく、運動は大事ですが、体力的にも過度なスポーツは避けたほうがよいでしょう。

大切な線

次ページにつづく→

187

健康線 健康状態・病気をみる

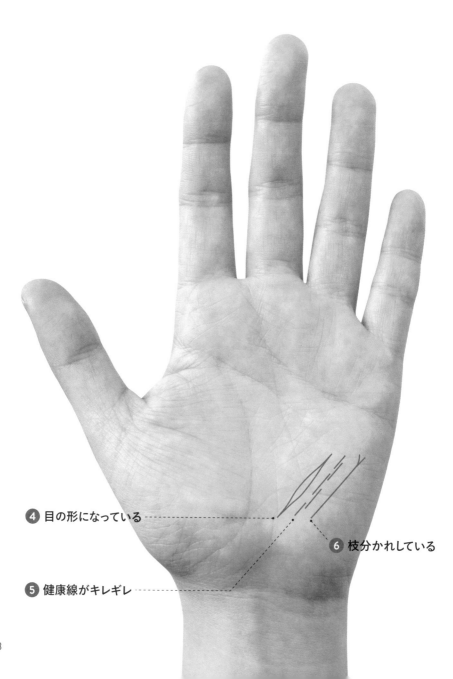

❹ 目の形になっている

❻ 枝分かれしている

❺ 健康線がキレギレ

④ 健康線が目の形の人は、呼吸器系に注意

　健康線の途中が目の形のようになっているのは、**呼吸器系に弱さがある
ことをあらわします。**子どものころから、ぜんそくぎみだったりして症状が出
ていることが多いでしょう。風邪のひきはじめも、すぐにせきやのどの痛み
が出やすいので、ふだんからうがいやマスクなどのケアをするように心が
けましょう。

　目の形が連なって鎖のようになっているのは、**肺に加えて、肝臓にもダメ
ージを受けている可能性があります。**暴飲暴食をしないようにして、定期的
に健康診断してください。

⑤ 「キレギレ」なのは、消化器系がデリケート

　健康線がキレギレになっているのは、**消化器系が弱いことをあらわします。**
健康線が薄ければ、ふだんは大きな変化もなく、問題はありませんが、少
しでもストレスがかかる状況になると、胃腸が痛い・重いなどの症状があら
われます。

　また、この相は**食が細く、食欲があまりない人にもみられます。**食べるこ
とに関心が薄く、体力がないので根気が続かず、飽きっぽさが出てしまい
がちなので、時間をかけてでも、できるだけさまざまなものを食べるように
してください。

⑥ 枝分かれしている人は、疲れやすい

　1本の健康線が途中からふた手に枝分かれしているのは、**体が弱く、疲
れやすいことをあらわします。**ふだんの生活でもあまりムリをしないようにす
ることが大切です。特に、1本だった健康線がこの形に変わったときには、
体調のくずれが考えられます。

　健康線が1本の途中からたくさん枝分かれしているのは、**環境が変わりや
すいことをあらわします。**人生において変化が多く、転居、転職をすること
があるでしょう。肉体的にも精神的にも適応するまでに時間がかかるので、
あせらずに慣らしていきましょう。

そのほかの大切な線

そのほかの「大切な線」の総復習です。写真の手相をみて、質問に答えていきましょう。解答を隠してあなたの実力を試してみてください。

MKさんの手相

プロフィール　女性、44歳。英会話&音楽教室の講師。夫婦と娘、息子の4人家族。今年、長年勤めた音楽講師の仕事を辞め、独立。現在は英会話教室と音楽教室を開講している。

Q1. ⓐの線の名称は？

Q2. ⓑの線の名称は？

Q3. ⓒの線の名称は？

Q4. ⓓの線の名称は？

Q5. ⓔの線の名称は？

Q6. ⓕの丘の名称は？

Q7. ⓖの丘の名称は？

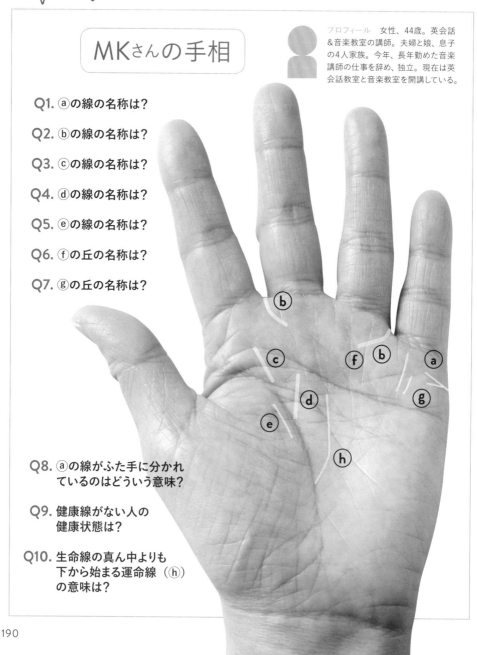

Q8. ⓐの線がふた手に分かれているのはどういう意味？

Q9. 健康線がない人の健康状態は？

Q10. 生命線の真ん中よりも下から始まる運命線（ⓗ）の意味は？

実践テストの解答

A1. 結婚線

A2. 金星帯

A3. 向上線

A4. 開運線

A5. 影響線

A6. 太陽丘

A7. 水星丘

A8. 結婚後、単身赴任などで別れて
暮らすことがある。

A9. 健康であることを示す。

A10. 忍耐強く、希望をもってがんばる人。
地道な努力で、晩年に大きな成功をおさめる。

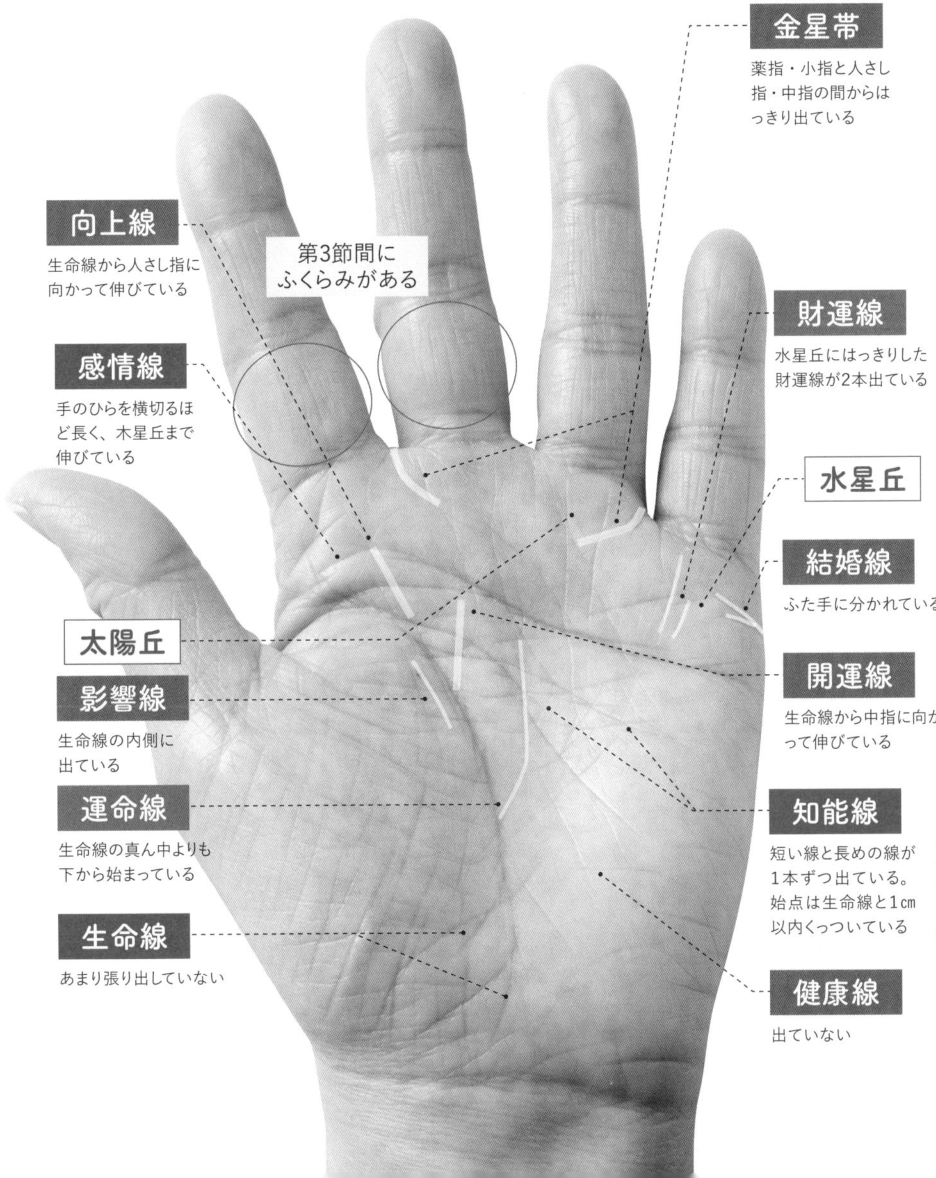

金星帯
薬指・小指と人さし
指・中指の間からは
っきり出ている

向上線
生命線から人さし指に
向かって伸びている

第3節間に
ふくらみがある

感情線
手のひらを横切るほ
ど長く、木星丘まで
伸びている

財運線
水星丘にはっきりした
財運線が2本出ている

水星丘

結婚線
ふた手に分かれている

太陽丘

影響線
生命線の内側に
出ている

開運線
生命線から中指に向か
って伸びている

運命線
生命線の真ん中よりも
下から始まっている

知能線
短い線と長めの線が
1本ずつ出ている。
始点は生命線と1cm
以内くっついている

生命線
あまり張り出していない

健康線
出ていない

宮沢みちの鑑定につづく→

総合運

　基本の横三大線がくっきりと入っているのは、はっきりした意志の持ち主です。生命線と知能線が1cm以内くっついているので、依頼心が強く、慎重に失敗しないように人生を送ろうとします。人とのつきあいはあまり得意ではなく、気をつかいすぎるので、多くの人とではなく、限られた人と深いつきあいをするでしょう。

才能・仕事運

　生命線の真ん中よりも下から始まる運命線（起点は、流年法で43歳の地点）は、並々ならぬ努力によって成功をつかむことをあらわします。知能線は2本出ています。1本は短めなのでひらめき型で、思ったらすぐに行動することをあらわします。もう1本は長めなので、じっくり考えてから行動する、といった2つの面をもっています。金星帯がはっきり出ているのは、芸術方面にも関心をもち、感性も豊かで、才能にも恵まれています。

恋愛・結婚運

　感情線が手のひらを横切るほど長く、木星丘までのびているのは、いちずにひとりの人を追いかけるタイプです。相手のことが好きでしかたなく、いつでも、どんなことでも相手の行動を知りたいと思います。結婚線の始まりは1本ですが、先端が分かれているので単身赴任などで夫婦が離れて暮らす暗示があります。

財運

　水星丘にはっきりとした財運線が2本出ているので、現在お金は2つの安定したルートから入ってきていることをあらわします。人さし指、中指のそれぞれの指の第3節間にふくらみがあることから、財運があり、お金には不自由しないでしょう。

健康運

　生命線があまり張り出していないので、それほどムリのきかない体であることがわかります。小指が薬指の第1関節よりも短いので、腰に疲れが出やすいでしょう。

手と指をみる

手のひらの線だけでなく、手自体の形や質感・色、指や爪の特徴を見ると、性格や行動の仕方から、社会性、そして健康状態までわかります。手や指から受ける印象は、手相を鑑定する際の大切なデータとなります。

手の形や質感・色で 気質・行動をみる

🔍 手の形・質感の見方

手の形は大小、厚い・薄い、かたい・やわらかい などさまざまなので、体とのバランスで判断したり、 長さと幅を見くらべたりしてみていきます。

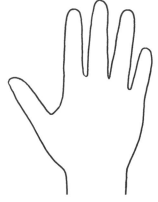

❶ 大きい手
体とのバランスをみて、大きいかどうか を判断。同性で同じくらいの身長の人 と手を合わせて、参考にするとよい。

❷ 小さい手
体とのバランスをみて、小さいかどうか を判断。同性で同じくらいの身長の人 と手を合わせて、参考にするとよい。

❸ 幅が広い
手のひらの横幅のほうが、縦幅よりも広 くなっている。

❹ 幅が狭い
手のひらの横幅のほうが、縦幅よりも狭 くなっている

> 大きさや厚み、質感により、
> 行動のしかたやその人の気質がわかる

❶ 大きい手の人は真面目で気配り上手。信頼を集める人

何を行うときも堅実で慎重さがあり、こまかいことにもよく気がつく人です。 自分でどんどん物事を決めるといったことは苦手ですが、人から指示をしてもらったことをていねいにこなすことが得意です。

　手自体にかたい印象があれば、毎日、規則正しく生活して、人から信頼を受けます。逆に手がやわらかいと、依頼心が強く、働くのは苦手でラクをしたがります。

❷ 小さい手の人は大胆で指導者的素質をもつ

こまかいことにこだわらず、行動的で大胆で、いつも先を見ながら行動する人です。 人の意見にはあまり耳を貸そうとせず、自分が正しいと思ったことを信じてとり組みます。不可能を可能にするようなパワーを備えているので、人の上に立ちます。

　手にかたい印象があれば、才能を発揮して社会的にも活躍します。やわらかいとわがままが出やすく、無謀なことをしがちです。

❸ 幅が広い手は持ち前の包容力で、社会的に活躍する

気持ちが穏やかでいつも安定していて、生活にもゆとりのある人です。 包容力があり、大切な人をしっかり守っていきます。どんな人にも親切にするので、まわりから信頼を得られ、社会的に活躍します。

　ただ、変化をすることにはあまり慣れていないので、そのままでいいという気持ちをもっています。

❹ 幅が狭い手は頭の回転が速く、気分も変わりやすい

そのときどきで気持ちがよく変わり、いつも神経過敏に、いろいろなことを感じている人です。 基本的に自己中心的ですが、人の目を気にしているので、気をよくつかいます。頭の回転が速く、だれとでも話を合わせられるので、交際上手に見えるでしょう。

　ただ、体力的にムリができず、がんばりすぎて体調をくずすと長引いてしまうので、ふだんから体調管理に気をつかいましょう。

次ページにつづく→

手の形や質感・色で気質・行動をみる

❺ 厚い手

手のひらはもちろん、指にも肉があり、全体がたっぷりしているように見える。

❻ 薄い手

手のひらにも指にもほとんど肉がなく、手全体が薄くて、冷たい感じがする。

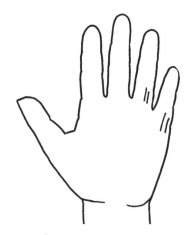

❼ がっしりした手

しっかりとした肉づきがあって、引き締まっている。

❽ しなやかな手

手のひらがやわらかく、すべらか。関節もやわらかく、よく曲がる。

❺ 厚い手の人は情が厚く、損得勘定なしで行動する

心がやさしく、自分を必要としてくれる人に対して、損得勘定なしに精一杯のことをしてあげたいと考えます。 ときに自分の力以上のことにチャレンジすることがあり、失敗して苦労を背負うことも。

基本的にしっかり者ですが、押しの強い人に弱く、肝心なところで折れてしまったりすることがあるため、勝負どきを見きわめ、心を強くもって対処しましょう。

❻ 手が薄い人は小さなことに悩み、人を束縛したくなる

神経質で、小さなことでも動揺する傾向があります。人とのつきあいにも疲れてしまって、最小限の人にしか心を開きません。 好きな人ができたら、相手のすべてを知っていたくなり、つい、束縛してしまい、いつも心配になります。

臨機応変に動くことが苦手で、たとえば、どこか行くときにも万全にしないと気がすまないため、周囲も気をつかうことになるでしょう。

❼ がっしりした手は精力的だが、頑固な一面も

バイタリティーにあふれ、集中力があり、粘り強い気質をもっているため、物事を最後までやり通します。 ただ、手がかたすぎる場合は、頑固さが表に出てきて、人の話をよく聞かないで行動するところがあります。その半面、肝心なときに迷いが生じてしまい、決断を先延ばしにするような傾向があります。

人がよすぎるところがあり、特に異性には弱いので、ときとしてだまされたりするため、注意することが必要です。

❽ しなやかな手は心も柔軟で、感性豊なことをあらわす

人間関係を円滑に保てる人です。依頼心がまったくなく、自分から何でもやってあげようという気持ちがあるため、自然と周囲の信頼を集めます。 心がいつもオープンで感性が豊かなので、多くの情報をとり入れることができます。

ただ、手の肉がやわらかすぎる場合は、わがままさが出てしまい、気分で判断してつい間違った行動をしてしまうことがあるので、注意しましょう。

次ページにつづく→

手の**形**や**質感・色**で **気質・行動**をみる

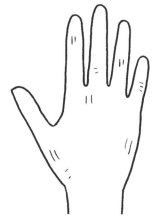

❾ 乾いた手

全体的に脂分がなく、カサカサした感じの手。手に汗をかくことも少なく、こまかいシワが目立つ。

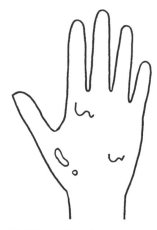

❿ 脂っぽい手

全体的に脂分があり、しっとりした感じの手。手に汗をかいていることが多く、こまかいシワは目立たない。

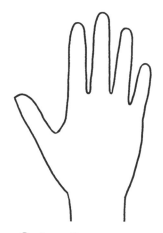

⓫ 白い手

全体的に色が白い手。日焼けをしてもあまり黒くはならず、やや赤くなり、また白く戻る肌のタイプ。

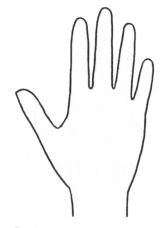

⓬ 浅黒い手

全体的に色が浅黒い手。日焼けするとさらに黒さが増していき、なかなか色がさめないタイプ。

⑨ 乾燥した手は好奇心旺盛で、社交性がある人

こまかいことにこだわらず、さっぱりした性格です。気持ちの切り替え方が上手で楽観的なので、たとえイヤなことがあっても、前向きに対処しようとします。社交性があり、どんな人とも積極的にかかわろうとします。

また、好奇心が旺盛なので、いろいろなことに興味はもちますが、やや飽きっぽいところもあります。生涯を通して続けられるようなものに出会うことが、人生を豊かにする秘訣です。

⑩ 脂っぽい手は神経こまやかで、慎重すぎるところも

神経がこまやかで、小さなことにもこだわる性格です。人にされたことはずっと覚えている性質で、特に、イヤな思いをさせられたことは絶対に忘れません。どんなことにも慎重で、人がやったあとで自分も行動を起こすといった面があり、せっかくのチャンスも逃してしまうことがあるので、ときには思いきりも必要です。

よいパートナーができると、運気が一気に上がります。

⑪ 白い手は気位が高く、親しい人間関係を築きにくい

基本的に気位が高く、好き嫌いが激しい性格です。広い人脈をもっているわりに、あまり深入りすることがなく、孤独な面もあわせもっています。肝心なときに言うべきことが言えなかったり、決断力がにぶったりするので、注意しましょう。理想が高すぎるため、現実とのギャップを埋めるのにも苦労して、そのギャップがストレスのもとになっていることもあります。

よい配偶者とめぐり会えるかどうかが、人生に大きくかかわります。

⑫ 浅黒い手の人は、オープンで太陽のように明るい人

社交性があり、何でも受け入れられる性格です。つきあい上手で、周囲からも人気があります。庶民的な気質をもっていて、ささやかな日常のなかに幸せを見つけることができ、まわりの人を幸せにしていきます。太陽のようにいつも輝き、周囲にパワーを与えているので自然に運は開けてくるでしょう。

また、日常生活では会話や言葉づかいなどに注意するように心がけると、運気はさらにアップするでしょう。

指の**特徴**で **性格・社会性**をみる

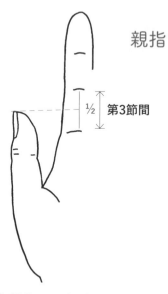

親指

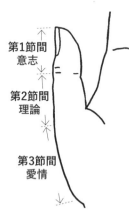

親指

第3節間

½

第1節間
意志

第2節間
理論

第3節間
愛情

❶ 親指の長短をみる
人さし指の第3節間の真ん中が、親指の標準的な長さ。それより長いと長く、短いと短い。

❷ 親指の関節間の長さをみる
関節と関節の間が長いと、「意志」「理論」「愛情」それぞれの気質も強い。

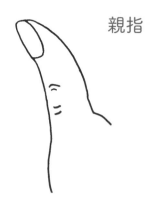

親指

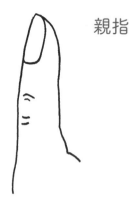

親指

❸ 親指が外側に反る
親指の先に力を入れたとき、親指の先が弓のように外側に反る。

❹ 親指がまっすぐ
親指の先が反らず、まっすぐなまま。

❶ 親指は精神力や脳の働き、愛情の深さをあらわす

親指は生命エネルギーの強さ、能力、意志、愛情の深さをあらわします。 親指が長くしっかりしていれば、強い精神力の持ち主で、理性的で社会的にも認められます。ただ、長すぎると強情になり、自分の意見を通そうとするあまり、衝突が多くなります。

また、短すぎると感情のコントロールができなくなり、信頼をなくして損をすることが多いでしょう。

❷ 関節の間の長短は愛情深さや決断力をあらわす

指先から第1関節までの第1節間は「意志」をあらわし、長さがあれば強い精神力があり、考えをすぐに行動に移して実現します。

その下の第2節間は「理論」をあらわし、長いと物事をよく考えますが、理屈っぽいところもあります。

第3節間は「愛情」をあらわします。長い人は情熱的で、愛情にあふれています。

❸ 親指の先が反る人は柔軟性があるが、人に影響されやすい

柔軟性があり、人の意見をよく受け入れる人です。 適応能力が高く、引っ越しや転職、人とのつきあいにおいても、すぐに打ちとけて親しい友人もできます。その一方、人に流されやすいところもあるので、自分がどうしたいのか、自分の意志をはっきりもちましょう。

また、経済観念が薄く、お金はあるだけ使ってしまう傾向も。計画的に考えるように心がけましょう。

❹ 親指の先が反らないのは、頑固な気質をあらわす

真面目で思いやりがあるので、地道な努力を重ね、成功する可能性があります。 ただ、柔軟性がなく、あまり話をしない、頑固で人の話に耳を貸さないといったことから、周囲にかたい雰囲気を感じさせ、孤立しがち。心がかたくなってしまうと、幸せを感じられないので気をつけましょう。

次ページにつづく↓

指の**特徴**で
性格・社会性をみる

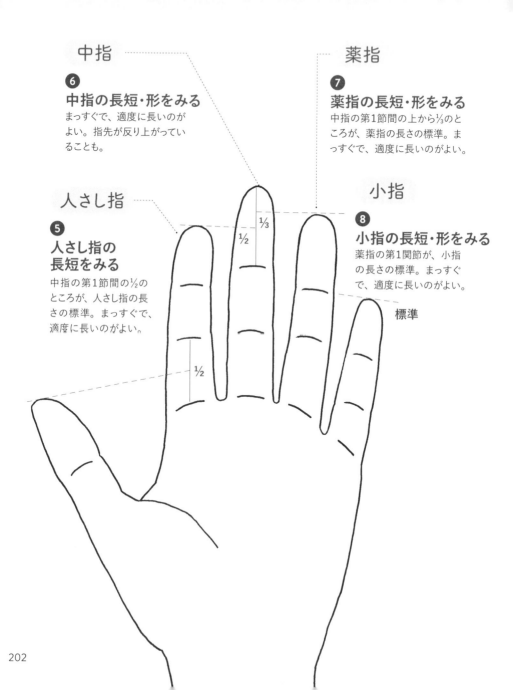

中指

❻
中指の長短・形をみる
まっすぐで、適度に長いのが
よい。指先が反り上がってい
ることも。

薬指

❼
薬指の長短・形をみる
中指の第1節間の上から⅓のと
ころが、薬指の長さの標準。ま
っすぐで、適度に長いのがよい。

人さし指

❺
**人さし指の
長短をみる**
中指の第1節間の½の
ところが、人さし指の長
さの標準。まっすぐで、
適度に長いのがよい。

小指

❽
小指の長短・形をみる
薬指の第1関節が、小指
の長さの標準。まっすぐ
で、適度に長いのがよい。

標準

⅓
½
½

⑤ 人さし指は野心、向上心、自信、リーダー性をあらわす

人さし指が長く、しっかりしていれば、指導力があるので責任感のある立場となります。 考え方がとてもフェアで、さまざまな物事に対して偏見がありません。また、向上心をもって行動するので、何かと戦うようなときでも一歩もひきません。ただし、人さし指が長すぎる場合は、傲慢になりがちで人が集まりません。逆に短すぎる場合は、プライドばかり高くなり、実力が伴わないことが多いでしょう。

⑥ 中指は自分自身、思慮深さ、孤独、憂うつをあらわす

中指が長くしっかりしていれば、孤独にも抵抗がなく、ひとりの時間を楽しむ力があります。 知性が豊かで、研究熱心。ただし、指が長すぎる場合は、悲観的になりやすく、人生や対人関係などで悩むことが多くなり、異性とのトラブルも起こしがちです。

短すぎる場合は、落ち着きがなく、衝動的に行動することが多いでしょう。指先が反っているのは、プライドが高すぎる傾向が。

⑦ 薬指は明るさ、スター性、芸術性、名声をあらわす

薬指が長くしっかりしていれば、良運やよい人に恵まれ、努力以上の成果を得ることができます。 薬指の第1節間が他とくらべて長い場合は「美」を大切にし、第2節間は「名」を得られ、第3節間は「財産」を手に入れることができます。薬指が短すぎる場合は、運だけに頼ることはできませんが、努力しだいで成功することができます。

また、薬指が中指側に曲がっているのは、人に頼られる印です。

⑧ 小指は表現力、商才、社交性、子ども運をあらわす

小指が長い人はコミュニケーションの能力があり、問題が起きても冷静に対処できます。 人づきあいも上手で、さまざまな分野で幅広く人脈をもつでしょう。長すぎる場合は、交渉事などの駆け引きをゲーム感覚で楽しむところがあり、人から信頼されません。短すぎる人の場合は、他人の意見にまどわされないことが大事です。

また、薬指と小指のつけ根の位置を合わせて、薬指の第1関節より長いと子ども運に恵まれ、短いと子どもとの縁が薄くなります。

爪の形で 健康状態をみる

長い

「縦5：横3」以上の長い爪は、頭部や胸部に注意が必要

「縦5：横3」よりも縦が長いのを、長い爪とします。上半身の病気になりやすく、頭部や胸部は特に注意が必要です。鼻炎、ぜんそく、気管支炎など呼吸器系、また、口内炎などもかかりやすい傾向が。

短い

角張った感じのごく短い爪は、胴や腰、子宮など下半身に注意を

胴部や腰部が弱いことをあらわします。子宮、腎臓、肝臓などの病気に注意が必要。さらに爪が平らで根元が肉に食い込んでいる人は神経痛、リューマチになりやすいでしょう。

標準

「縦4：横3」の比率の爪の人は、健康で運に恵まれる

爪の理想的な形は、「縦4：横3」の比率で、指の第1節間の半分くらいの大きさとなります。この形をしていて爪の血色がよければ、体は健康であり、運気にも恵まれます。

三日月

爪の根元に白い三日月があるのは、丈夫で体力がある相

爪の根元の部分に、白い三日月のような半円の部分がある場合は、とても丈夫な体であることを示しています。多少ムリをしても、体力があるのですぐに回復します。大病にもなりにくいでしょう。

幅が広い

「縦3：横4」の幅の広い爪は、婦人科系に弱さがある

爪の形が「縦3：横4」の割合で女性の場合は、婦人科系が弱く、卵巣に問題があることが多いでしょう。手首の手けい線が手のひら側に山形に湾曲していると、子宝に恵まれにくいとされます。

幅が狭い

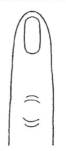

幅の狭い爪は骨が弱く、特に脊椎が弱いサイン

脊椎に弱さがあります。爪先が内側にカーブしていると脊椎が曲がる可能性があり、骨の病気にも注意が必要です。爪がもろいのはカルシウム不足なこともあるので、カルシウムを補いましょう。

逆三角形

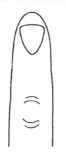

根元が狭い逆三角形の貝爪は体が弱く、神経系の疾患に注意

貝爪は生まれつき体が弱いため、健康にトラブルを抱えやすいことをあらわします。脊椎に弱さがあり、神経麻痺や顔面神経症など神経系統の疾患にも注意が必要です。

反っている

爪が反っているのは、ストレスでアルコールなどに依存しがち

自分を肯定できずにストレスをためやすい性格なため、アルコールなどに依存しがち。心と体はつながっているので、体力をつけることで精神力を高めてください。よい友人がいるとなおよいでしょう。

手と指

手の出し方で性格をみてみよう

手相をみるとき、まず、相手の手の出し方もチェックしましょう。性格があらわれるので、大まかにとらえてから鑑定を始めましょう。

指を広げて出すのは、おおらかな人

性格的に大ざっぱなところがあり、来る者こばまず、去る者追わずのタイプです。お金に関してもあればあるだけ使ってしまい、貯蓄ができません。貯蓄すること自体、あまり関心がなく、貯めるよりパーッと使ってしまう喜びを優先させます。

また、そんな性格なため、秘密をもつことが苦手です。さらに、注意力散漫なところもあるので、事故に気をつけましょう。

手をそろえて出す人は、常識的で努力家

常識的な考え方をして、だれとでも仲よくすることはなく人を選んで交際するタイプです。基本的に間違いのない人生を送ろうとしているため、危険なことにはほとんど手を出しません。

コツコツと努力を重ねて、最終的に安定した地位を得るでしょう。人に対してケチというわけでもなく、お金のムダづかいもしないので、貯蓄も継続的にできます。

ギュッとすぼめて出すのは、警戒心の強い慎重派

警戒心が人一倍強く、人に対して心を開きにくい人です。失敗することを極端におそれていて、かなり慎重なので、大きな失敗はあまりしないでしょう。特に、経済観念はシビアで、何よりも貯蓄を優先します。

ただ、情や未練といったものに流されがちで、自分の心をコントロールできないときがあるので注意しましょう。

宮沢みち

運命学研究家。
日本女子大学、同大学院にて社会福祉学を専攻。福祉コミュニケーションの普及のために、人と人とのかかわりをより円滑にするさまざまな手法を研究。また、福祉的な観点から、個人がよりよく生きるための生活術を提案している。
『名前が人を幸せにする!姓名判断大全』（主婦の友社）をはじめ、『リアル手相占い』（永岡書店）、『新版日本で一番わかりやすい人相診断の本』（PHP研究所）、『呼び名の持つパワー 音でわかる名前占い』（日貿出版社）、『愛蔵版 ハッピーになれる名前占い』（金の星社）など著書多数。
◎「宮沢みちオフィシャルサイト」http://michi-miyazawa-official.com/

デザイン ………… 宇賀田直人
イラスト ………… 河上乃の子
撮影 …………… 千葉 充、柴田和宣（主婦の友社）
手相モデル …… 佐藤智恵美
進行補助 ……… 中野桜子、川名優花
編集 …………… 伊藤京子
編集担当 ……… 東明高史（主婦の友社）

びっくりするほど当たる！ 手相占い

2020年 3月31日　第 1 刷発行
2024年12月20日　第20刷発行

著　者　宮沢みち
発行者　大宮敏靖
発行所　株式会社主婦の友社
　　　　〒141-0021　東京都品川区上大崎3-1-1 目黒セントラルスクエア
　　　　電話（内容・不良品の問い合わせ）03-5280-7537　（販売）049-259-1236
印刷所　大日本印刷株式会社

© MICHI MIYAZAWA 2020 Printed in Japan
ISBN978-4-07-441833-6

・本のご注文は、お近くの書店か主婦の友社コールセンター（電話0120-916-892）まで。
＊お問い合わせ受付時間　月〜金（祝日を除く）　10：00〜16：00
＊個人のお客さまからのよくある質問のご案内　https://shufunotomo.co.jp/faq/

※本書は『手相占い習得レッスン帖』を改訂して再構成したものです。